哈尔滨历史文化丛书
丛书主编：李述笑　阿　成

城市符号

哈尔滨历史城区的人文风情

高　虹　卜　冲
宋兴文　郭淑媛◎编

黑龙江大学出版社

图书在版编目（CIP）数据
城市符号：哈尔滨历史城区的人文风情 / 高虹等编．哈尔滨：黑龙江大学出版社，2025. 6. --（哈尔滨历史文化丛书 / 李述笑，阿成主编）. -- ISBN 978-7-5686-1240-1

Ⅰ. K293.51

中国国家版本馆 CIP 数据核字第 20250RX806 号

城市符号

哈尔滨历史城区的人文风情

CHENGSHI FUHAO HAERBIN LISHI CHENGQU DE RENWEN FENGQING

高　虹　卜　冲　宋兴文　郭淑媛　编

责任编辑　张永生
出版发行　黑龙江大学出版社
地　　址　哈尔滨市南岗区学府三道街 36 号
印　　刷　哈尔滨市石桥印务有限公司
开　　本　720 毫米 ×1000 毫米　1/16
印　　张　12.25
字　　数　198 千
版　　次　2025 年 6 月第 1 版
印　　次　2025 年 6 月第 1 次印刷
审 图 号　GS（2025）2434 号
书　　号　ISBN 978-7-5686-1240-1
定　　价　49.80 元

哈尔滨历史文化丛书编委会

关于哈尔滨

关于哈尔滨，没去过的人会有某些听闻和想象；去过的人会留下某些愉快的乃至深刻的记忆；如我这样早年间离开了哈尔滨，久居外省市的人，对哈尔滨的认知已非常局限；而老一辈哈尔滨人和哈尔滨的新生代，对自己家乡的认知，差别又必然很大。

作为土生土长的哈尔滨人，我对这座城市充满感情。从塞外村镇到国际都市、从“共和国长子”到新晋顶流，哈尔滨饱经风雨、英雄辈出，历史悠久、文化多元，物华天宝、人杰地灵。濒江而生、依路而兴的人文风貌，多元交融、凸显智慧的建筑格调，美轮美奂、多姿多彩的冰雪文化，雅俗共赏、魅力非凡的音乐元素，中外荟萃、特色独具的风味美食……凡此种种让这座历史虽然不长，但却极具荣光与力量的国家历史文化名城频频火爆出圈。

有谁想较全面地了解哈尔滨这座众说纷纭的城市吗？

这样的人肯定是有的。

也许，还不少吧？

那么，哈尔滨历史文化丛书对于以上群体应该是具有吸引力的。

丛书目前共七册——《风雨华章——国家历史文化名城哈尔滨》《城市符号——哈尔滨历史城区的人文风情》《流派纷呈——哈尔滨建筑风格纵览》《华彩乐章——音乐之城哈尔滨》《冰情雪韵——哈尔滨冰雪文化》《艺彩风华——文艺名人在哈尔滨》《百年味道——哈尔滨饮食文化寻踪》。

七册书图文并茂，收印了许多珍藏的历史照片，可以说是关于哈尔滨的较全面的小百科书，既能满足了解愿望，又具有欣赏价值、收藏价值。

作为哈尔滨人，我甚为这一套丛书的出版而高兴。遵命作序，倍觉荣幸。

梁晓声

2025 年 6 月 8 日　北京

写在前面

众所周知，历史的丰富性不单是在于文献的表达，而且那些源自于民间的传说、传闻，甚至个人亲历的表述，也是对历史文献的一种有益的补充，在某种程度上，亦可视为对历史文献中的某些含混之处的勘正。对这种多元史料的多义性、丰富性、矛盾性的判断、研究、择取，不仅是作者要面临的难题，更是挑战。再加上历史资料占有的局限，虽然每一位作者都在追求表达的完美、完整，百分之百做到还原一座城市历史的全貌，没有遗珠之憾，可这毕竟是今人和后人永远不可能实现的梦想。毕竟汹涌澎湃的历史长河，带走了许多我们尚不掌握的、珍贵的史料。在这样的情势之下，难免挂一漏万。因此，在这里恭恭敬敬，请方家补正之。

前言

哈尔滨是一座历史文化独特、建筑风格多样的城市，于1994年1月4日被国务院公布为第三批国家历史文化名城。至2024年，市区内有南岗、道里、道外3个历史城区，13片历史文化街区，9片历史文化风貌区，各级文物保护单位和未定级文物建筑961栋以及历史建筑303栋，组成了较为完整的历史文化名城保护体系。

南岗、道里和道外是哈尔滨历史文化资源最为丰富和集中的三个历史城区，拥有超过全市一半的历史文化街区、风貌区以及文物建筑、历史建筑。它们保留了大量哈尔滨早期城市建设和发展的印记，是独具魅力的城市符号。

南岗区曾是中东铁路行政管理机构所在地，是哈尔滨的老城区及重要的文化、教育科研中心。在历史上，曾按照当时流行的欧洲现代城市理念规划设计，有完善的城市基础设施和大量的公共建筑，现包含四个历史文化街区：花园街历史文化街区、红军街-博物馆历史文化街区、文庙历史文化街区和极乐寺历史文化街区；四个历史文化风貌区：铁路局历史文化风貌区、哈尔滨工程大学历史文化风貌区、哈尔滨医科大学历史文化风貌区和黑龙江省军区第一干休所历史文化风貌区。花园街历史文化街区和铁路局历史文化风貌区完整地保存了诸多中东铁路时期遗留下来的中高级铁路职员住宅群和大型铁路公共建筑，为研究哈尔滨最初的城市规划建设及中东铁路的管理与沿革提供了珍贵的实物依据。哈尔滨曾作为沟通欧亚的交通大动脉上的重要枢纽城市，国际地位举足轻重，这集中体现在红军街-博物馆历史文化街区保存下来的那些20世纪20、30年代兴建的大量外国驻哈尔滨领事馆、外侨住宅、商场以及教堂旧址中。文庙历史文化街区和极乐寺历史文化街区展现了收回涉及中东铁路主权后的本土建筑风格。哈尔滨工程大学历史文化风貌区、黑龙江省军区第一干休所历史文化风貌区和哈尔滨医科大学历史文化风貌区则记录了闻名遐迩的高等学府“哈军工”和“哈医大”的建校历程，展示了南岗区优越的教育资源及作为名校摇篮的风采。

道里区原属中东铁路的管理城区，发迹于码头而飞速成长为国际商贸重镇，是哈尔滨充满欧陆风情的老城区和重要的金融商贸区。其包含中央大街历史文化街区和斯大林街历史文化街区两个历史文化街区，以及圣索菲亚教堂历史文化风貌区一个历史文化风貌区。中央大街历史文化街区和圣索菲亚教堂历史文化风貌区里至今依然保存着特色鲜明的异国侨民社区风貌，留存着当年环球资本金融博弈的痕迹。中央大街上璀璨的夜色里霓虹闪烁，俨然是一座露天的万国建筑博览会。教堂的钟声惊起白鸽，在旅人的乡愁里萦绕。沐浴着松花江上吹来的晚风，斯大林街历史文化街区乐声流淌，游人如织，沿江一线更是铭刻着哈尔滨城市建设发展的每一个历史节点。道里区因其独特风貌而成为哈尔滨的一张别致名片。

道外区独立于中东铁路范畴之外，却也与其相伴而生。这里起于中国人自发形成的市集，任意生长却造就了璀璨辉煌的滨江商贸重镇。道外区包含一个历史文化街区——道外传统商市历史文化街区，以及两个历史文化风貌区——哈尔滨滨江道署历史文化公园历史文化风貌区和犹太公墓历史文化风貌区。道外传统商市历史文化街区拥有国内最大的风格鲜明的中华巴洛克建筑群，它们的一砖一瓦都见证了哈尔滨民族工商业的崛起和民族金融业的发展。哈尔滨滨江道署历史文化公园历史文化风貌区则标志了清政府在哈尔滨设治的起点。老道外有烈火烹油般的繁盛，也有苍凉厚重的长歌，更是舳舻千里的烟火人间。

无论是从历史发展脉络、城市功能还是从街区风貌来看，南岗、道里、道外三个城区都有着迥然不同的风格。这些差异赋予了它们不同的城市符号和文化气质，正所谓南岗有南岗的端庄优雅，道里有道里的瑰丽浪漫，道外有道外的热烈蓬勃。凡此种种，都镌刻在一个个历史街区的老建筑里。

正如俄国著名作家果戈里所说，“当诗歌和传说都缄默的时候，只有建筑在说话”。让我们管中窥豹，用一本书的容量来追溯和梳理这三个城区的历史起源和生长脉络，探寻那些隐藏在历史街区尘烟里的往事……

▲ 左图为南岗中俄工业大学校外墙新艺术运动风格装饰浮雕，中图为道里松浦洋行外墙巴洛克风格装饰浮雕，右图为道外同义庆中外货店外墙中华巴洛克风格装饰浮雕

目录

端庄优雅的南岗

瑰丽浪漫的道里

热烈蓬勃的道外

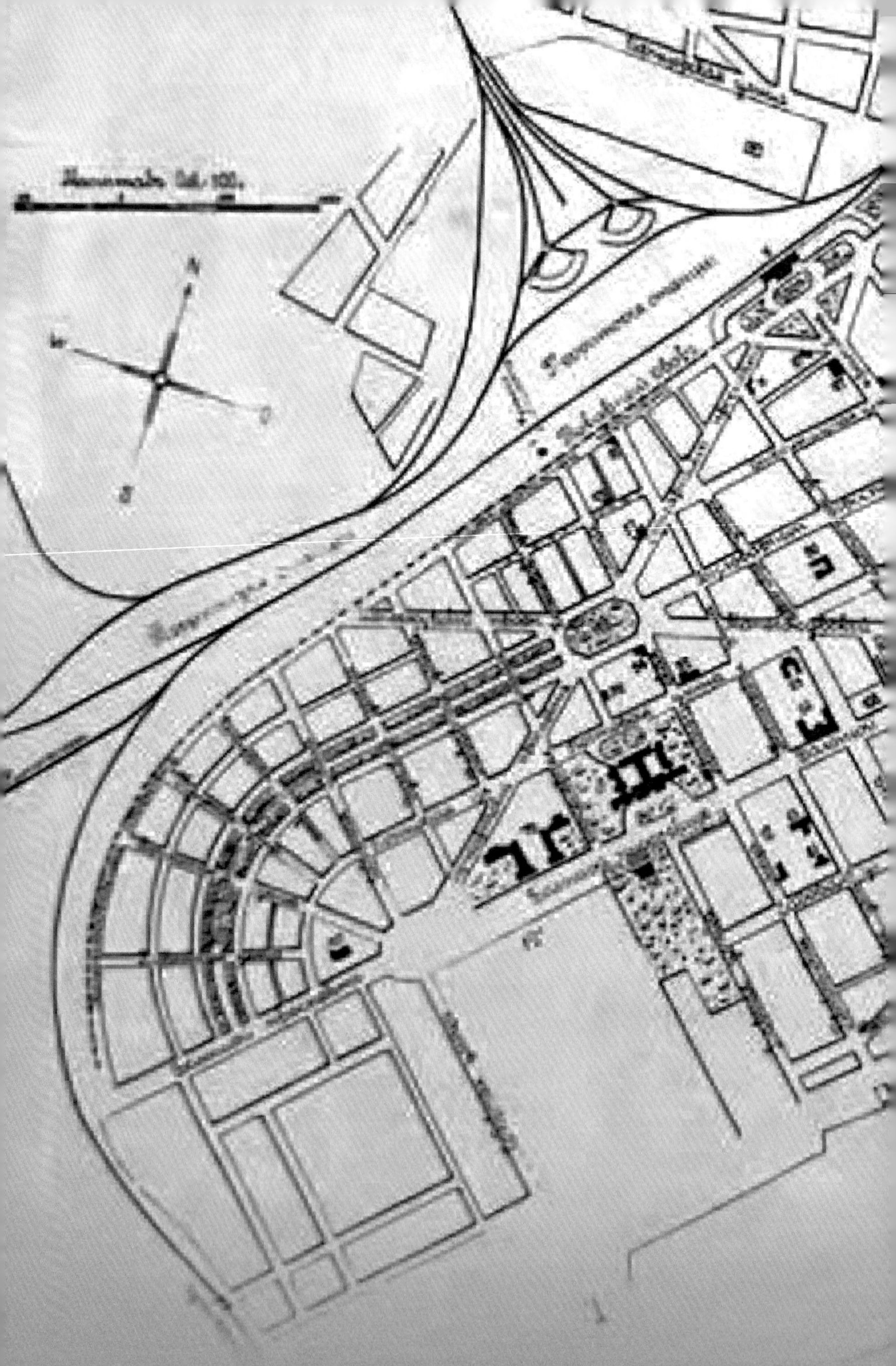

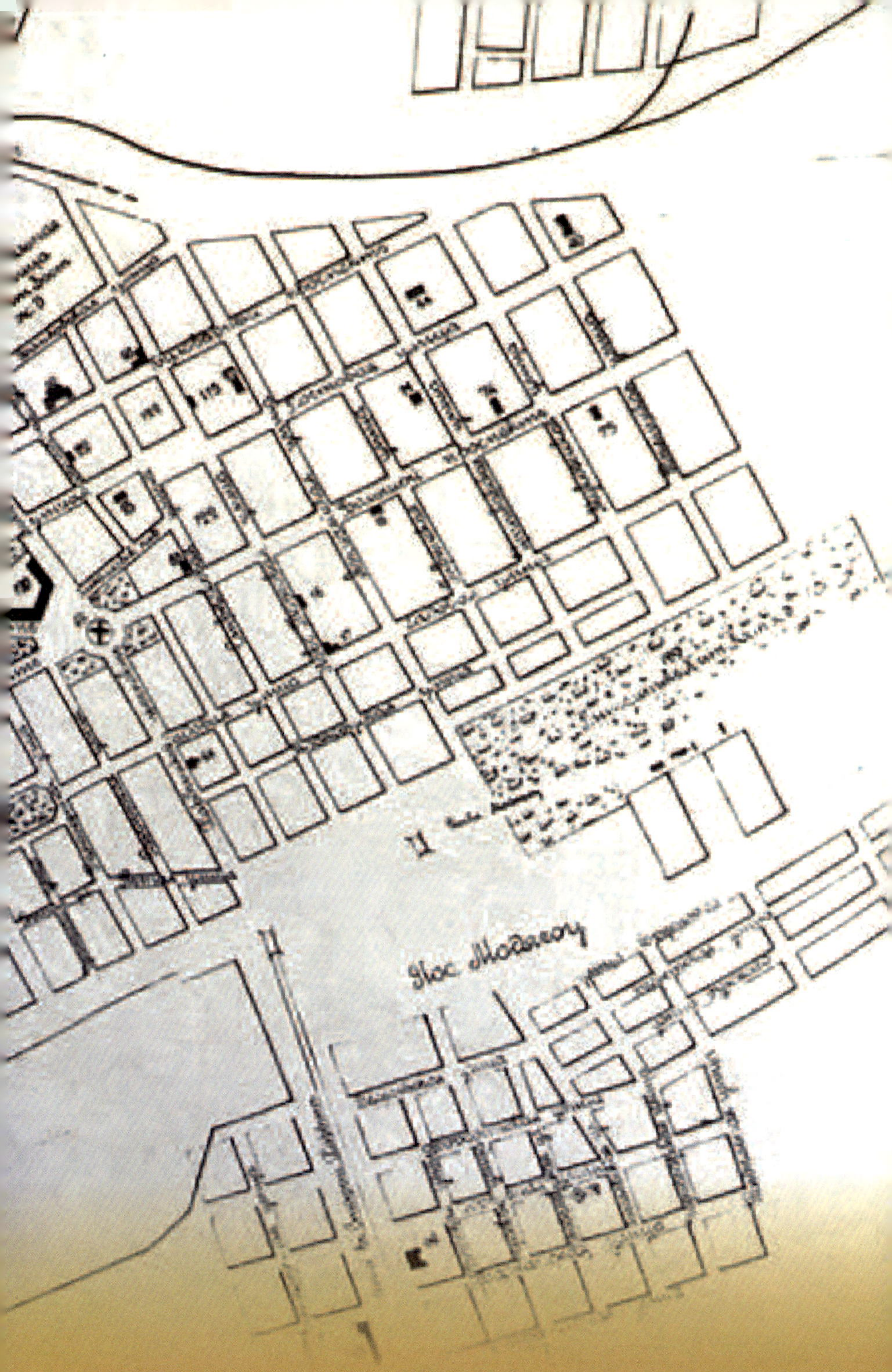

端庄优雅的南岗

南岗溯源
——核心区域的起源与历史发展

松花江在广袤的松嫩平原上日夜奔流，每到丰水季，江水都会无拘无束地四处漫延，但到了这一地却被一脉高岗阻挡，只好转头向北流去。这脉高岗形如龙脊，早年住有秦姓人家，因此被呼作“秦家岗”。

与周边逐渐热闹起来的傅家店、元聚烧锅和田家烧锅比起来，秦家岗的人烟不算稠密，只有零散几户人家，以耕作为生。这也是1898年俄国勘察中东铁路建设的特别考察队没有将落脚地选择在此的原因。但是，秦家岗优越的地理条件决定了中东铁路的核心枢纽离不开这里。

1899年春，中东铁路建筑工程局对秦家岗进行了统筹规划，对街路、水电、通信、环卫、消防等市政公共设施，以及中东铁路公司所需的办公、

▼ 1903 年规划中的新市街

文娱、教育、医疗场所乃至教堂、商场、旅馆等一并做了详细的考量，并报总部设在俄国圣彼得堡的中东铁路公司批准。同时，还对哈尔滨的发展扩大做了规划，并将其改称“松花江村”，秦家岗则被命名为“新市街”。在1903年的哈尔滨规划图中，可以清晰看到新市街以马家沟河与铁路线为自然分界线，呈长方形，西侧到中东铁路东线（今西大桥），东侧到铁岭街。新买卖街（今果戈里大街）以西为行政区，以东是商业区，行政区的面积是商业区的三倍。此外，在马家沟河之南另划一片街区，称为“马家沟”，作为城市扩展增容的储备区。

1899年10月，松花江车站（原址现属哈尔滨站）临时站房建成。俄国人还在新市街设立了哈尔滨历史上第一所普通邮局，所在街道遂被称为“邮政街”。当年年末，对新市街的大规模开发建设开始了。此后几年，新市街处处都是紧张施工场景，旷野上开出了一条条道路，建起了一座座房屋。

▼ 建设中的新市街（远处可见火车站的水塔）

1900 年，在新市街的中心地段，同时也是秦家岗的最高点，东正教圣尼古拉教堂落成了。这座教堂曾经是哈尔滨市中心最宏伟的木结构建筑，也是哈尔滨东正教都主教区的主教座堂。由此，圣尼古拉教堂广场（今博物馆广场）开始成为哈尔滨的中心广场，并且直到哈尔滨解放前都是举办重大活动及各方势力宣示对哈尔滨控制权的标志性地点。

▼ 落成不久的圣尼古拉教堂

此外，同年落成的还有中东铁路中央医院的药房（原址现属哈尔滨医科大学附属第四医院），它是新市街最早一批落成的建筑之一。1904 年，中东铁路中央医院的全部建筑建设完成，而与其邻近的一条街道，也因此被命名为“医院街”（今颐园街）。

▼ 中东铁路中央医院的药房

至 1903 年，车站街（今红军街）、大直街、通道大街（今中山路）、新买卖街（今果戈里大街）、松花江街等市内主要道路都已形成，道路两侧也开始兴建众多大型的公共建筑。同时，在新市街的西南部还建起了铁路员工住宅群。这些米黄色的单体建筑大多分布在花园街、河沟街、交通街、海关街、北京街、校尉街（今海城街）、公司街等处，形成了一片整齐而富有韵味的街区，现已被列为历史文化街区加以保护。

▼ 松花江街是新市街最早建设的街道之一

1900 年，乌卢布列夫斯基啤酒厂在花园街创办，它是中国第一家啤酒厂，也是哈尔滨啤酒厂的前身。1903 年，哈尔滨第一酒精厂的前身德商斯普列颠卡酒厂在马家沟开工兴建。这一年，新市街人口达到了两万多人。

1903 年 7 月 14 日，中东铁路全线通车交付使用，中东铁路管理局同时成立。也是在这一天，“哈尔滨”恢复了原名，“松花江车站”也改称“哈尔滨车站”。哈尔滨车站站房于 1904 年落成。从此，这座优雅的新艺术运动风格的车站就以中东铁路枢纽的身份接待了无数旅人，也见证了无数或重要或平凡的历史瞬间。

▲ 哈尔滨火车站第一代站房

1902 年至 1904 年，在新市街落成的重要建筑还有：车站街（今红军街）上的华俄道胜银行哈尔滨分行和中东铁路管理局宾馆，大直街上的中

▼ 中东铁路管理局大楼

东铁路气象观测站、中东铁路商务学堂（分男子商务学堂和女子商务学堂）校舍、中东铁路管理局大楼、俄国边防独立兵团外阿穆尔军区司令部，以及新买卖街（今果戈里大街）上的王好文大厦和奥连特旅馆。日俄战争期间，哈尔滨成了俄军供给保障的后方基地。俄国士兵在哈尔滨火车站中转集结，然后南下开赴战场。没多久，北上的火车又载满了撤回哈尔滨的伤兵。于是，新市街一些刚落成的建筑尚未投入使用就先被俄军征用了，中东铁路管理局宾馆、中东铁路商务学堂校舍均被用作战时医院，哈尔滨火车站也成为临时兵营。

▲ 华俄道胜银行哈尔滨分行

俄国在日俄战争中失败和俄国第一次资产阶级民主革命的爆发，在哈尔滨乃至中东铁路沿线引起了强烈反响。1905 年至 1906 年，中东铁路管理局大楼及俄国边防独立兵团外阿穆尔军区司令部（即俄外阿穆尔军区司令部）多次被人纵火焚烧，不得不重新改建。

1906 年，新市街迎来了职业及中级教育事业的开端。3 月，中东铁路男子商务学堂在西大直街开办。半年后，中东铁路女子商务学堂也开学授课。并肩而立的两座学堂校舍（现属哈尔滨工业大学附属中学）是统一规划建设的。8 月，奥克萨科夫斯卡娅女子中学在车站街（今红军街）开办。该校于 20 世纪 30 年代初迁至齐齐哈尔街（今龙江街）。10 月，中东铁路第二小学在邮政街开办。这一年，中东铁路技术学校（现为哈尔滨工业大学博物馆）在公司街开办。霍尔瓦特中学（现属空军某部）在通道大街（今中山路）筹建并于次年开学授课，校名以中东铁路管理局时任局长霍尔瓦特的名字命名。

▼ 奥克萨科夫斯卡娅女子中学

1907年，哈尔滨海关的前身“哈尔滨关”开始运行，哈尔滨正式开埠。1 月 14 日，俄国驻哈尔滨总领事馆率先设立，馆址最初在车站街（今红军街）上。1 月 21 日，美国驻哈尔滨领事馆在东大直街与阿什河街交口处设

立。3月4日，日本驻哈尔滨总领事馆在新买卖街（今果戈里大街）设立。此后，又有19个国家陆续在哈尔滨设立了领事馆（总领事馆），且多在新市街。

1908年，新市街建成了两个大商场：一个是位于圣尼古拉教堂广场西北侧的莫斯科商场（今为黑龙江省博物馆），另一个是位于东大直街与新买卖街（今果戈里大街）交口的秋林洋行。莫斯科商场为中东铁路管理局开办，是当时哈尔滨第一家大型商场；建成后划分为相对独立的17个店铺门市，销售来自俄罗斯和西欧的进口商品，主要供应中东铁路公司员工。秋林洋行是由俄商秋林创办的，最初在香坊，迁至新市街后，以销售进口高档商品为主。秋林洋行拥有自己的发电厂、卷烟厂、酿酒厂、灌肠厂、茶叶厂，数十年里一直是哈尔滨最高档的百货商店。

◄ 莫斯科商场

◄ 秋林洋行

中东铁路开工建设十年来，新市街已是街路纵横交错、房舍鳞次栉比，各种市政公共设施皆已完备。中东铁路中央电话局在医院街（今颐园街）竣工通话。警察局和警察学校相继成立。中东铁路高管人员的住宅也陆续完工，这些新艺术运动风格的独栋洋房散发着优雅与浪漫的气息。此外，花园街和松花江街的两座小花园以及东、西两座市场，1908 年由中东铁路管理局移交给新成立的哈尔滨市董事会管理。

▲ 新市街的东市场（今大世界商城址）

1906 年，名为“进步”的电影院在松花江街上的格兰德旅馆内开张营业。1908 年，“热烈喝彩电影院”（今和平电影院）在新买卖街（今果戈里大街）上的奥连特旅馆内开张营业。此外，在哈的俄外阿穆尔军区铁道兵旅团第二营管弦乐团其时已开始在中东铁路俱乐部露天剧场举办音乐会，该乐团后改编为中东铁路俱乐部交响乐团，是为中国最早的交响乐团。

新市街的发展速度如此之快令人始料未及，这也让原本规划在新市街边缘地带的俄侨墓园因过于接近闹市而显得不合时宜。于是，新俄侨墓园的地址选在了当时的城市东郊（今文化公园内），毗邻 1903 年设立的犹太人墓园。1908 年，东正教圣母安息教堂在新俄侨墓园内落成。

▲ 热烈喝彩电影院（今和平电影院）

▲ 新俄侨墓园中的圣母安息教堂（在今文化公园内）

第一次世界大战爆发后的头两年，新市街的发展平稳而快速，城区边界东扩至辽阳街。在东马家沟（今中山路以东、马家沟河与巴陵街之间）新建一个社区，并在东马家沟南缘地带建了一个赛马场（今中山路以东），俄侨组织“北满赛马协会”每年春秋两季都在此举办赛马会。俄国人在西马家沟（今中山路以西）设立军用无线电台，将西大桥以西的大片土地划为军事用地，还把王兆屯以西建成了病院街（即大型的战时医院集中区）。

▲ 每年赛马场要举办春秋两季赛马会

▲ 设于西马家沟的俄军无线电台

除了信奉东正教的俄侨以外，信奉不同宗教的其他国家的侨民也在新市街活跃起来。1907 年，信奉天主教的波兰侨民修建的圣斯坦尼斯拉夫教堂在东大直街（今龙江街与鞍山街之间）上落成，哈尔滨波兰侨民组织“波兰先生”也随即宣告成立。同年，在乌克兰戏剧爱好者小组的基础上，“乌克兰俱乐部”成立。1910 年，基督教第一安息日会在齐齐哈尔街（今龙江街）成立。1913 年，波兰显克微支中学在东大直街开办。1916 年，基督教德国路德派教堂（今为基督教南岗礼拜堂）在东大直街和奉天街（今鞍山街）街角处落成，教徒主要为德国人、拉脱维亚人和爱沙尼亚人。

▼ 天主教圣斯坦尼斯拉夫教堂

1914年，俄国驻哈尔滨总领事特拉乌绍利特和中东铁路公司代办达聂尔一起与英国驻哈尔滨领事斯莱签订了一份侵犯中国主权的《英俄协定》，规定中东铁路附属地之内的英国人拥有与俄国人同样的“权利”。随后，还有一些国家陆续加入了该协定。而这客观上也“挑动”了更多的外国人来哈尔滨“淘金”。

1917年，俄国第二次资产阶级民主革命（二月革命）和十月社会主义革命（十月革命）先后爆发，其影响也波及了哈尔滨乃至中东铁路沿线，中东铁路工人举行了数次大罢工。其时，哈尔滨政局极为复杂，新市街上波谲云诡。1918年，帝俄海军上将高尔察克的部队、协约国干涉军的部队以及德、奥被俘官兵十数万人，先后在哈尔滨中转。一时之间，哈尔滨火车站停满了军用列车。而且随着军需用品采购大幅增加，哈尔滨的物价也开始飞涨。

为了维持秩序，中国军队开进哈尔滨，并开始在中东铁路沿线驻守。1918年2月1日，中国政府在哈尔滨设立中东铁路督办公署，2月11日设立哈尔滨临时警察局。1920年3月15日，大直街上的俄外阿穆尔军区司令部和通道大街（今中山路）上的司令官邸被中国军队接管。至此，俄国在哈尔滨的残余势力被驱逐。8月29日，中东铁路护路军总司令部成立，鲍贵卿兼任总司令。1920年9月，中国收回中东铁路司法权，关闭俄国驻哈尔滨总领事馆。10月，中东铁路附属地改称“东省特别区”。1921年2月，东省特别区市政管理局成立，统管东省特别区的行政事务。1923年3月，东省特别区行政长官公署成立。

1924年9月，《奉俄协定》签订，中苏两国就中国东三省之铁路、航权、疆界、关税等问题达成了协议。随后，苏联任命的东省铁路公司会办和东省铁路管理局局长来哈。中东铁路开始由中苏两国共管。

十月革命特别是苏俄国内战争期间，有大量俄国人流亡到哈尔滨，他们往往被称为“白俄”。白俄的到来，很快就令原本空旷的马家沟地区人满为患。原西大桥以西、懒汉屯街（今木兰街）以南的俄军营区在俄军撤走后也住进了中国老百姓和白俄，从此形成了华俄混居的“懒汉屯”。1918年，中东铁路管理局决定让员工在懒汉屯以北自助建造67所板夹泥住房，以解决住房紧张问题。由于“板夹泥房”的俄语发音酷似中文“沙曼”，所以这里被称为“沙曼屯”。1921年，在西马家沟又形成了斯拉夫屯。

来到哈尔滨的白俄有一部分人是富商，他们与本地的中国工商巨头是新市街豪宅群的主人。早期富商们的豪宅还只建在新买卖街（今果戈里大街）以东地带，但随着商用地块的放开使用，豪宅区开始逐渐往圣尼古拉教堂广场周围集中。俄国犹太富豪斯基德尔斯基家族的住宅、波兰商人葛瓦里斯基的住宅、意大利工程师吉别洛－索科的住宅和俄国富商梅耶洛维奇的产业大楼等各具特色的精美建筑，掩映在花木中，环绕着圣尼古拉教堂广场，使整个城市充满了浓郁的异国情调。

▼葛瓦里斯基的住宅（今颐园街 1 号）

▼圣尼古拉教堂广场周围富有层次感的各式建筑

1920年是哈尔滨高等教育“元年”，陆续开办了三所高等学府。三所学校的招生对象和培养方向不同，却都影响深远。3月，中东铁路管理局出资筹建的哈尔滨高等经济法律学校在原中东铁路商务学堂校舍开学授课，两年后改称“哈尔滨法政大学”。该校开设中外法律、经济、历史、俄语、日语等课程，培养出大批法律和商业方面的专门人才。9月，哈尔滨日俄协会在马家沟创办哈尔滨日俄协会学校（今中宣街24号），哈尔滨沦陷后改称“哈尔滨学院”。10月17日，哈尔滨中俄工业学校在公司街原俄国总领事馆举办开学典礼。该校初设铁路建筑和电气机械工程两个科，一律用俄语教学，并设华人预备班；1922年更名为“哈尔滨中俄工业大学校”，所有课程均参照俄国高等工业学校设置，旨在培养专门人才。这就是闻名遐迩的哈尔滨工业大学的前身。

▲ 哈尔滨日俄协会学校

▲ 哈尔滨中俄工业大学校

1921年，中国政府在哈尔滨设立吉黑邮务管理局。1922年，吉黑邮务管理局大楼在今民益街与颐园街交口处落成，东省文物研究会在莫斯科商场成立。1923年，东省文物研究会陈列所正式开馆，是为黑龙江省博物馆前身。

1922年9月，中国接管了位于马家沟的中东铁路无线电台，后拆分出无线电新闻通信业务。1923年2月，经筹备试验，东三省无线电台在莫斯科商场（今黑龙江省博物馆）开通了汉俄双语临时广播；5月，改称“无线电哈尔滨分台”，刘瀚任代理台长。1926年10月1日，哈尔滨广播无线电台正式开播，这是由中国人建立的第一座无线广播电台。

当时哈尔滨人认为秦家岗状似龙脊，要在大直街的龙头位置上修建寺庙，于是兴建极乐寺被紧急提上了日程，并于1923年春破土动工。翌年8月极乐寺正式落成，成为当时黑龙江规模最大的佛教寺院建筑群。1926年，在距极乐寺不远的地方，哈尔滨文庙（今黑龙江省民族博物馆）奠基动工，历时三年建成。这是一座中国传统古典建筑风格的三进院落，蔚为壮观。与极乐寺不同，文庙的捐资修建者中，外国商号及侨民达到了半数，筹备会和工程委员会中也有外籍名流。这也从侧面反映了当时哈尔滨中外文化交流的活跃状况。

◀ 吉黑邮务管理局大楼

▼ 极乐寺

▼ 文庙

20 世纪 20 年代末、30 年代初，新市街的各大街路周边都已形成整洁优美的街区。繁华的义州街（今果戈里大街）车马塞途；宽阔的东大直街绿茵环绕；圣尼古拉教堂广场的放射状街道排布，令人印象深刻；车站街（今红军街）连接哈尔滨火车站和圣尼古拉教堂广场，气势不凡；夹树街、花园街静谧清幽……

▼车站街（今红军街，远处为哈尔滨火车站）

▼东大直街街边规划得宛若花园

1926年11月，哈尔滨特别市自治会成立，同时还成立了哈尔滨特别市市政局（相当于市政府）。哈尔滨特别市甫一成立即编制规划，在马家沟与香坊之间开建商埠，大力发展新区。1928年，马家沟赛马场一部分地块划归东省特别区直辖，改称“特区第二体育场”，另一部分仍为国际赛马场。紧邻赛马场南部有一块空地，中国军队在此修建了一座临时军用机场。

1929年5月27日，东省特别区警察总管理处派人搜查坐落在吉林街上的苏联驻哈尔滨总领事馆，并逮捕了在此开会的有关人员，从而引发“中东铁路事件”。哈尔滨局势一度十分紧张，蒸蒸日上的发展势头也因此蒙受了不小的打击。

九一八事变后，日军开始进攻哈尔滨。1932年2月5日，哈尔滨沦陷。5月9日，“国联李顿调查团”抵达哈尔滨火车站，其名义上是来调查九一八事变真相的，实际上却纵容了日本军国主义的侵略暴行。这年7月、8月，哈尔滨连降暴雨，洪水漫城，道里、道外10余万灾民涌向地势较高的南岗躲避，其中约有5万人露宿在极乐寺、文庙以及东大直街、山街（今一曼街）等地，境况极为凄惨。

1933年8月，日本关东军在宣化街与文庙街之间秘密设立细菌研究所，开始进行细菌战研究，是为“七三一部队”前身。哈尔滨沦陷期间，日伪将新市街多所公共建筑据为己有，如东省特别区行政长官公署被改为伪“北满特别区公署”，东省特别区第三中学校（今哈尔滨市第三中学校）校舍被

▼伪“哈尔滨警察厅”

改为伪“第四军管区司令部”。特别是东省特别区图书馆（今东北烈士纪念馆），建成后还未投入使用便被强占为伪“哈尔滨警察厅”。

1938 年 7 月，伪“哈尔滨特别市公署”宣布实行区划制，全市共设 10 个区（埠头区、新阳区、南岗区、马家区、东傅家区、西傅家区、顾乡区、香坊区、太平区、松浦区），南岗区、马家区并立，新市街从此成为历史。

为强化军事占领，日本关东军对马家沟机场进行了扩建改造，机场及其以北地块被划为日军飞行队用地。

1946 年 4 月 28 日，东北民主联军进入哈尔滨，哈尔滨遂成为全国第一座获得解放的大城市。5 月，中共中央东北局、东北民主联军总部迁至今东大直街 178 号和西大直街 33 号。

1948 年 8 月 1 日，第六次全国劳动大会在哈尔滨召开，来自全国各地的代表在哈尔滨火车站受到了热烈欢迎。大会恢复了中华全国总工会，办公地点暂设于国课街（今果戈里大街）原日本驻哈尔滨总领事官邸。

▼中华全国总工会旧址

1949年8月12日，哈尔滨市各界人民代表会议筹备委员会第二次例会通过《区街组织变更案》，决定调整哈尔滨区划，将南岗区与马家区合并为新的南岗区。

1950年，中苏两国合办的中国长春铁路公司理事会在哈尔滨正式成立。1952年9月，苏联政府将中长铁路及其附属全部财产移交给中国政府。12月31日，移交典礼在中长铁路中央文化馆（今哈尔滨铁路博物馆）举行。1953年1月，哈尔滨铁路管理局正式成立。历经半个世纪的风霜雨雪，中东铁路终于回到了中国人自己的手中。

▲ 中长铁路中央文化馆

1953年，哈尔滨市人民政府决定调整区划，确定南岗区中山路、文昌街以北为市中心区，沙曼屯以西为文化教育区。依据规划，此后几年，陆续在中山路一带兴建了省政府、省公安厅、省林业厅、省档案馆、市工人文化宫等建筑；在红军街、东大直街以及附近地段兴建了市少年宫、北方大厦、花园邨宾馆、省展览馆、宽银幕电影院（今哈尔滨电影院）等建筑；在沙曼屯区域，哈尔滨师范学院（今哈尔滨师范大学江南校区）、黑龙江

▲ 黑龙江省展览馆

大学等大专院校和科研院所先后成立。1953 年，在一曼街东端兴建中国人民解放军军事工程学院，因校址在哈尔滨，故简称“哈军工”。它是新中国成立初期全国最高军事工程学府，为国家培养了大批军事科技人才。

1954 年 4 月，作为“一五”计划重点项目之一的哈尔滨电表仪器厂在西大直街西端（今学府路凯德广场）破土兴建，两年后竣工投产，为我国工厂提供自动化或高度机械化的电气设备。始创于 20 世纪 30 年代的哈尔滨电影机械厂，1958 年划归哈尔滨市管辖，并一度发展为中国最大的电影放映机制造厂之一。1955 年 7 月，哈尔滨机联机械厂在南岗区所属的哈西机械工业区（今西城红场）成立，并以“蚂蚁啃骨头”的精神成为时代楷模。南岗区成为新中国精密仪表和机械设备生产重镇。

时光荏苒，20 世纪初的新市街已发展成为 21 世纪的南岗区：长江路两侧矗立着黑龙江广播电视中心、黑龙江省图书馆、哈尔滨国际会展体育中心等大型公共建筑；形成了秋林、会展中心、哈西三大商圈；哈尔滨工业大学、哈尔滨工程大学培养人才无数，科研成果丰硕，名扬四海……

2018 年 12 月，第四代哈尔滨火车站站房投入使用，其别致的曲线造型是在向 1904 年落成的经典的第一代站房致敬。南岗区从这里开始，也必将从这里走向辉煌的未来。

▼ 哈尔滨火车站第四代站房

▼ 哈尔滨国际会展体育中心

▼ 黑龙江广播电视中心

花园城市
——规划结构与建筑特色

哈尔滨最早的规划图是由中东铁路建筑工程局技术部主任约基什于1899年绘就的，哈尔滨在图上被标注为“松花江村”。这张图采用典型的欧洲巴洛克式规划结构，即“方格网”+“放射状”规划结构，重点对南岗区（当时称“新市街”）做了规划：城市街区依据道路划分，状似方格网；城市公共空间节点由放射状的道路相互连接。值得强调的是，虽然南岗区的规划设想最终在落实时略有变化，但城区主体规划结构始终未变。在城市功能划分上，城区西侧为行政区，分布着中东铁路管理局大楼、附属机构及职工住宅区；东侧为商务区，也称“欧洲区”，为各国驻哈尔滨领事馆和商业集合区。

▼ 1899年哈尔滨最早的规划图

南岗区的“主骨架”是一个由两条主要街道交会而成的“大十字形”结构。这两条街道分别为沿着秦家岗山脊线形成的大直街（包括东大直街和西大直街）以及与大直街垂直的由哈尔滨火车站发出的车站街（今红军街）。两条街道的交叉处即为城市中心广场——圣尼古拉教堂广场。

圣尼古拉教堂俗称“喇嘛台”，所在的广场是一个圆形的广场，原有八条（今为六条）放射状道路。值得一提的是，由于圣尼古拉教堂是东正教教堂，具有入口朝西的特征，因此教堂西侧就退让出了一个小广场空间。其周边的道路指向、建筑围合形式以及广场上两根立柱的位置等，客观上都强化了这个小广场空间的形状。可见，圣尼古拉教堂广场不是一个完全向心型广场，而是一个由多种空间形态构成的复合型广场。其形制之特别、空间之丰富、建筑构成主次之分明协调，在城市广场类型中别无他例。

南岗的公共空间和绿地公园系统设计也很有特点，采取的是“花园城市”布局模式：在城区西侧的中东铁路职工住宅区，有街区中心花园以及位于街道中心的“夹树街”林荫大道带状公园；在城区东侧的“欧洲区”，

▼ 圣尼古拉教堂广场是一个非全向心型广场

有两片浓荫蔽日的公墓（今东大直街圣母安息教堂周边及南通大街文化公园）以及片状街区公园——原系中东铁路苗圃，今为儿童公园。

南岗的街区整体上采取“花园式”街区布局模式，每个街区内都是一户一院，呈周边式排列，灵活多变，适应性极强。

▼ 从哈尔滨火车站沿车站街（今红军街）望向圣尼古拉教堂

历史上的新市街主城区整体风貌以俄式建筑为主，以其他欧式建筑为辅，是一个以典型欧洲巴洛克式规划结构为依托的花园之城。城市主干道两侧分布着大量新艺术运动风格和欧式古典主义风格的公共建筑，而其他大片城区则分布着俗称“黄房子”的中东铁路风格建筑。

1907 年开埠以后，随着哈尔滨迅速发展成为一个国际性大都市，南岗的建筑风格也逐步多样化，可以说异彩纷呈，主要有：俄罗斯传统风格建筑、中东铁路风格建筑、新艺术运动风格建筑、古典主义风格建筑、浪漫主义风格建筑、拜占庭风格建筑、哥特风格建筑、巴洛克风格建筑、文艺复兴风格建筑及折中主义风格建筑。

南岗最初的规划和建设以莫斯科为蓝本，设计师和建筑师也主要来自莫斯科和圣彼得堡。正因如此，大型公共建筑、俄侨住宅乃至街头建筑小品等，都体现了俄罗斯建筑风格。那些高耸峭拔的帐篷顶、黄白相间的墙体和建筑物外墙的浮雕装饰，以及古朴的木刻楞（木构建筑）和具有“花园式”坡屋顶的砖木结构的“黄房子”，无不彰显了俄罗斯建筑的典型特征。它们在总体上构成了南岗区建筑风格的基调。

南岗的建筑类型在作为城市行政中心的功能要求的定义下，在“花园式”街区形态设计的限定下，与道里、道外有所不同，呈现出了以独立式大型公共建筑和住宅为主、以商住混合式建筑为辅的特征。

▼ 俄罗斯传统风格建筑（圣尼古拉教堂局部）

▼ 折中主义风格建筑（契斯恰科夫茶庄大楼，今红军街 124 号）

巴洛克风格建筑（原为“日满文化协会”，今为哈尔滨群众艺术馆）

新艺术运动风格建筑（中东铁路高管住宅）

城市雏形形成后，南岗的公共建筑多为二至三层、砖木结构、俄罗斯风格或新艺术运动风格的建筑。这些公共建筑色彩多样，造型丰富。城区西侧的中东铁路职工住宅多为一层的坡屋顶房子，有独立院落；城区东侧“欧洲区”的住宅则多为一至二层建筑，也有独立院落。此外，沿主要街道还有商住一体的单元式住宅楼，但数量有限。

▼ 拜占庭风格建筑（东正教圣阿列克谢耶夫教堂）

南岗的公共建筑具有规模宏大、造型完整独立、受周边建筑形态影响较小等特征。古典主义风格建筑严谨庄重，新艺术运动风格建筑灵动优雅，文艺复兴风格建筑对称精致，折中主义风格建筑简约和谐……

总体来看，南岗的建筑无论是在空间类型上，还是在立面造型、外墙装饰上，都体现出了独立完整、大气端庄、精美优雅的建筑品质，为南岗的“花园城市”规划建设发挥了画龙点睛的作用。

▼ 新买卖街（今果戈里大街）从邮政街至大直街路段（近处建筑为奥连特旅馆，即今和平电影院）

▼ 绿树掩映下的东大直街

铁路核心
——中东铁路遗存

中东铁路是“中国东方铁路”的简称，在不同的历史时期也称为“东清铁路”“东省铁路”。南岗城市街区的形成和早期发展与中东铁路密不可分。中东铁路公司出于铁路建设和运营需要，规划建设了大量附属公用建筑，以及铁路职工和高管住宅等民用建筑。这些建筑分布在南岗的大街小巷，不仅数量多、施工质量优良，而且风格各异、造型优美。

▼ 哈尔滨火车站站房

哈尔滨火车站

哈尔滨火车站是中东铁路东线、西线和南线交会的中枢节点，同时连接着东亚与欧洲。这座新艺术运动风格的站舍按照特等站的级别设计建造，优雅而独特，是中东铁路公用建筑的代表作。它于 1904 年落成并投入使用，1960 年被拆除另建。在这半个多世纪的岁月里，它迎来淘金者和逃亡者，送走不得不背井离乡的人和主动去追寻理想的人，见证了南岗区乃至整个哈尔滨市的发展历程。

中东铁路管理局大楼

如果把 1920 年之前的哈尔滨比作人体的话，哈尔滨火车站是心脏，坐落在西大直街上的中东铁路管理局大楼就是大脑。1903 年中东铁路全线竣工通车后，中东铁路管理局随即接管，直接负责全线铁路的运营、管理及各种建筑工程的施工建设。1904 年，宏伟的中东铁路管理局大楼竣工落成，成为当时哈尔滨最大的建筑。它实际上是由六栋相对独立的楼房通过连廊组成的“Ж”（俄文单词“铁路”的第一个字母）形楼群，楼与楼之间不仅沟通流畅，而且互不干扰。1905 年至 1907 年，俄国第一次资产阶级民主革命在哈尔滨也产生了很大反响，中东铁路管理局大楼被多次纵火焚烧，四分之三楼体被烧毁，所以不得不于 1906 年重新修建。重建后的中东铁路管理局大楼呈现出新艺术运动风格，整体造型简洁端庄，细部曲线优美流畅，由于楼体外墙采用了青石板饰面，坚固耐用，气势恢宏，所以又被市民称为“大石头房子”。中东铁路管理局大楼随中东铁路的易主而变换名称。1953 年中长铁路归还中国后，中东铁路管理局大楼开始成为哈尔滨铁路局办公楼。

▼ 中东铁路管理局大楼

俄外阿穆尔军区司令部

1904 年，俄外阿穆尔军区司令部在西大直街上建成，从大楼的坡屋顶和青瓦盖可以看出中国工匠的手艺以及中国工艺对欧式建筑的影响。失火后重建的俄外阿穆尔军区司令部，从中西合璧式建筑变为俄罗斯风格建筑。大楼上有 1904 年设置的水准点，这是目前发现的哈尔滨最早的水准点。大楼于 1920 年被中国军队接管，成为中东铁路护路军总部；1932 年，为侵华日军多门师团司法部；1946 年，为东北民主联军总部；1950 年，为哈尔滨铁路卫生学校；现为黑龙江省中医药科学院（俗称“祖研”）。

▼ 失火前的俄外阿穆尔军区司令部

▼ 重建的俄外阿穆尔军区司令部

中东铁路督办公署

该建筑于1910年落成，原为中东铁路官房。中东铁路项目成立之初，清政府指派许景澄为中东铁路督办。1900年许景澄死后，清政府再未指派他人出任中东铁路督办一职。俄国爆发十月革命后，影响波及哈尔滨及中东铁路沿线，北洋政府为加强对中东铁路的控制，决定委派吉林省长郭宗熙督办中东铁路事宜。1918年2月1日，督办东省铁路公司事宜公所在哈尔滨正式成立，就在此楼办公。该建筑也被称为“中东铁路督办公署”，新中国成立后成为哈尔滨铁路总工会办公楼。

▲ 中东铁路督办公署

中东铁路中央医院

中东铁路中央医院于1904年全部落成，是当时中东铁路沿线最大的综合性医院，也是中国最早建立的大型西医医院之一。医院科室众多，规模庞大，建筑布局采取分散组合式设计，由多栋房屋组成。其中最先兴建的是药房和药剂师住宅，于 1900 年落成。1932 年哈尔滨沦陷后，中东铁路中央医院成为伪“北满铁路中央医院”，此后又几经易名。解放后为哈尔滨铁路中心医院，2004 年并入哈尔滨医科大学，更名为“哈尔滨医科大学附属第四医院”。院内至今仍保留多座中东铁路中央医院时期的建筑。

▲ 中东铁路中央医院

中东铁路管理局宾馆

中东铁路管理局宾馆是哈尔滨火车站前最早、最豪华的宾馆，也是中东铁路的重要配套设施，主要用于接待来哈的俄国军政要员、名流显贵。它落成于 1904 年，1906 年为俄外阿穆尔军区军官俱乐部（由于“军官”一词的俄语发音为“戈比旦”，所以它也被哈尔滨市民称为“戈比旦乐园”），1907 年为俄国驻哈尔滨总领事馆（1909 年迁至公司街），十月革命后一度成为“哈尔滨工兵苏维埃办公处”。1921 年，此处成为中东铁路公司理事会办公楼，1926 年因办公需要进行了第一次大修改造。1935 年，所谓的“中东铁路移交仪式”在这里举行。日本从苏联手中取得中东铁路经营管理权后，于 1936 年对这里进行了第二次大修改造。这次改建融进了日本建筑特色，其中比较明显的是门斗上添加了彩色玻璃雨搭。1937年，更名“大和旅馆”重新营业，成为接待日伪高级军政要员的主要场所。

1946 年 7 月，东北铁路总局在这栋建筑里宣告成立，1952 年为哈军工苏联军事顾问团专家楼，1968 年为哈尔滨铁路局招待所。1996 年第三次大修，次年以“龙门大厦贵宾楼”之名再度开门营业……百年历程阅尽沧桑，几乎哈尔滨的每一个重要的历史时期都能在这里找到对应的节点。

▲ 中东铁路管理局宾馆（改建前）

中东铁路中央电话局

1898 年，俄国人为建设中东铁路而在哈尔滨架设了电话线，并使用手摇电话进行联络，这是哈尔滨最早的电话。1903 年中东铁路通车后，系统内设置了小规模交换式电话局。1907 年，中东铁路中央电话局竣工并投入运营，这是哈尔滨最早的城市电话局。除服务中东铁路系统外，还为哈尔滨市提供通信服务，架设了两条市话线路：一条从南岗区至香坊区，另一条从南岗区至道里区。中东铁路中央电话局是一栋浪漫主义风格建筑，1926 年后进行了两次扩建。现在的大楼中右侧清水红砖部分为保留下来的 1907 年建筑，左侧水泥饰面的对称结构则是后来扩建的。扩建部分的窗型立面虽有所不同，却延续了 1907 年建筑的建筑语言和装饰符号，尤其是尖顶圆塔、圆券高窗，使得建筑风格丰富多变而又协调统一。1928 年，中东铁路中央电话局被东三省交通委员会电政监督处接收，改称“哈尔滨电话总局”。哈尔滨沦陷后，1933 年改称伪“满洲电信电话株式会社哈尔滨管理局”。1938 年，电话局另迁新址，这栋建筑成为“满铁中心医院”的行政办公室和门诊部，20 世纪 50 年代后归属于哈尔滨铁路中心医院，现为哈尔滨医科大学附属第四医院院部。

▼中东铁路中央电话局

中东铁路俱乐部

1911 年 12 月 2 日，中东铁路俱乐部新楼在西大直街落成。这是一栋折中主义风格建筑，既精美典雅，又舒展庄重。1912 年 5 月，中东铁路俱乐部花园及贝壳式露天剧场落成。从此，这里成为哈尔滨著名的演出场所。这栋建筑分别于 1919 年、1923 年进行过两次扩建，1935 年被日本人改为“厚生会馆”，1945 年苏军接管后曾被称为“红军之家”，1950 年 5 月成为中长铁路中央文化馆。1952 年 12 月 31 日，中长铁路移交典礼在这里举行，这是我国铁路发展史上具有里程碑意义的事件。1953 年后，这里成为哈尔滨铁路文化宫。1961 年，“第一届哈尔滨之夏音乐会”中的 9 场演出及闭幕式都在哈尔滨铁路文化宫的贝壳式露天剧场举行。令人遗憾的是，原中东铁路俱乐部的花园和贝壳式露天剧场都没能保留下来，目前仅存西大直街上的这栋建筑，现为哈尔滨铁路博物馆。

▼ 中东铁路俱乐部

▼ 中东铁路俱乐部附属贝壳式露天剧场

位于公司街的中东铁路高管住宅

这是一栋造型优美的新艺术运动风格建筑，整体结构错落有致、协调流畅，那四面开窗的塔楼、木结构的帐篷顶及曲线灵动的木结构阳台，营造出了一种舒缓而又浪漫的情调。这些都使它成为哈尔滨历史建筑中不可多得的艺术珍品。此楼于 1903 年至 1905 年间落成，原本是为中东铁路管理局副局长希尔科夫而建，但其并未入住。先后在此居住过的有中东铁路管理局副局长卡扎科维奇和中东铁路公司副理事长谢·伊·达尼列夫斯基。1946 年，东北铁路总局局长吕正操曾在此居住。此楼现为商用建筑。

▼ 位于公司街的中东铁路高管住宅

▼ 位于车站街（今红军街）的中东铁路高管住宅

位于车站街（今红军街）的中东铁路高管住宅

这栋建筑与上文介绍的公司街中东铁路高管住宅同为新艺术运动风格建筑，犹如“孪生姐妹”。此楼建于1904年，是在圣尼古拉教堂广场周边落成的第一栋建筑，1921年为中东铁路管理局局长沃斯特罗乌莫夫官邸，1950年为苏联专家楼，1952年为铁路职工住宅。

位于联发街的中东铁路高管住宅

今联发街1号和64号这两栋新艺术运动风格建筑，是依据同一图纸建造的中东铁路高管住宅，落成于1904年。两栋建筑的装饰元素多用自由曲线，窗型、窗额、窗台造型多变，独特精美。其中，联发街1号这栋建筑，20世纪20年代曾为东省特别区行政长官官邸，1935年后为“南满洲铁道株式会社”（即“满铁”）参事住宅，1947年曾为中国人民解放军第四野战军指挥部，现为南岗区博物馆。联发街64号这栋建筑，1927年为中东铁路总稽核刘泽荣官邸。哈尔滨沦陷后，伪“哈尔滨警察厅”外事科所属的秘密侦查机构“‘光’工作班”曾在这里设立监视据点。1955年，这里为苏联专家住宅。

▼ 位于联发街的中东铁路高管住宅（今联发街1号）

▼ 位于联发街的中东铁路高管住宅（今联发街64号）

▲ 花园街历史文化街区内的中东铁路员工住宅

花园街历史文化街区内的中东铁路员工住宅

花园街历史文化街区由联发街、海城街、西大直街、花园街、红军街、木介街、公司街围合而成，街区内散布着许多典型中东铁路风格的单体建筑，俗称“黄房子”。它们建成于1900年至1903年，是中东铁路管理局统一规划兴建的俄籍工程技术人员及管理人员住宅。这些建筑皆为砖木结构，敦实厚重，每栋房子几乎都被刷成淡黄色，这样能在寒冷而漫长的冬季给人带来些许暖意。每栋住宅都设有木制的阳光花房，房前屋后有庭院、木栅栏，庭院内配有厕所、样子房，并种植榆叶梅、沙果、丁香等植物。建筑之间留有足够的空间，能够满足采光、通风及家庭的私密性需求。这些“黄房子”以其独特的风格成为哈尔滨建筑艺术特色的重要代表和城市历史的“活化石”。

领事云集
——外国驻哈领事馆

沿着哈尔滨火车站前的红军街往博物馆广场方向走，能够看到坐落在路旁的原俄国总领事馆、日本总领事馆、英国总领事馆和意大利领事馆旧址；到博物馆广场后往左转，在东大直街及其周边辅街上还能找到原美国总领事馆、苏联总领事馆、德国领事馆、法国领事馆和葡萄牙领事馆旧址。哈尔滨现存的外国领事馆旧址大多坐落在南岗的这个区域，因此这里实可称为哈尔滨的旧领事馆区。

▲ 车站街（今红军街）两侧曾有多处外国驻哈尔滨领事馆

20 世纪上半叶，曾有 30 多个国家的 20 多万侨民居住在哈尔滨，先后有 19 个国家在哈尔滨设立过领事馆（总领事馆）。

1907 年初哈尔滨开埠，1 月 14 日俄国就设立了总领事馆，这是哈尔滨历史上的第一个外国领事馆。1 月 21 日，美国在东大直街与阿什河街交口处设立了领事馆。3 月 4 日，日本在新买卖街（今果戈里大街）设立了总领事馆。1909 年，西班牙领事馆在铁岭街设立。1911 年，英国领事馆在大直街设立……第一次世界大战爆发前是外国在哈尔滨设立领事馆的高峰时段，西方列强可谓是争先恐后，纷纷登场。随着哈尔滨在东西方贸易和地缘政治格局中的重要地位愈发凸显，越来越多的国家开始在哈尔滨设立领事馆。

▼ 20 世纪 20 年代驻哈外国外交官及夫人合影

第二次世界大战爆发后，欧洲多国遭受纳粹德国侵略丧失主权，其驻哈尔滨领事馆也纷纷被迫关闭。太平洋战争爆发后，由于英、美等国对日本宣战，其驻哈尔滨领事馆均被强行关闭。随之，外国驻哈领事馆也大多关闭。1943 年匈牙利于哈尔滨设立了领事馆，这是 20 世纪上半叶在哈尔滨设立的最后一个外国领事馆。

哈尔滨的外国领事馆馆址已有半数消失在岁月的烟尘中了，而今存留下来的十几座建筑，既是当下哈尔滨城市街头的亮丽风景，也是那个特殊的时代留给哈尔滨的历史印记。

原俄国驻哈尔滨总领事馆

于 1907 年设立，首任总领事留巴。俄国总领事馆最早设在车站街（今红军街）中东铁路管理局宾馆，1909 年迁至公司街上的中东铁路技术学校楼内，1911 年迁至要紧街（今耀景街）的中东铁路俱乐部及图书馆建筑内（该院落在 1930 年成为苏联驻哈尔滨总领事馆），1918 年再次迁回公司街，1920 年关闭。

▲ 车站街(今红军街)上的原俄国总领事馆(今为龙门大厦贵宾楼)

▲ 公司街上的原俄国总领事馆(今为哈尔滨工业大学博物馆)

原美国驻哈尔滨领事馆（总领事馆）

1907年设立，首任领事雷诺·费希尔。美国领事馆是在哈尔滨设立的第二个外国领事馆，最初位于阿什河街与东大直街交口处，其建筑屋顶高耸，呈鸭嘴形，特色鲜明。1920年左右搬迁至新买卖街（果戈里大街），1921年升格为总领事馆，1924年又迁至大直街上的犹太人大卫·德里金名下大楼，1941年底被日伪查封。

▼ 阿什河街与东大直街交口处的原美国领事馆(现已无存)

▲中间建筑为新买卖街上的原美国总领事馆（今果戈里大街 341—349 号）

▲东大直街上的原美国总领事馆（今东大直街 289 号）

原日本驻哈尔滨总领事馆

1907年设立，首任总领事川上俊彦，总领事官邸位于新买卖街（今果戈里大街）。日本总领事馆最初设在新买卖街与花园街交口处，内设警察署、特高课（特务科）、刑讯室和牢房。1936年，迁到车站街（今红军街）上的原“南满铁道株式会社”楼内。1937年，内设警察署并入伪“哈尔滨警察厅”。1945年，被苏联红军查封。

▼车站街上的原日本总领事馆（今红军街108号）

▼新买卖街（今果戈里大街）与花园街交口处的原日本总领事馆（今址为哈尔滨市花园小学）

▼位于新买卖街的原日本总领事官邸（今果戈里大街298号）

原法国驻哈尔滨领事馆（总领事馆）

1907年设立，首任领事彼列斯克。法国领事馆最初设在埠头（道里）高加索街（今西三道街）。1915 年降格为副领事馆，馆舍迁至医院街（今颐园街）斯基德尔斯基名下房产（今颐园街 3 号），不久迁至齐齐哈尔街（今龙江街），1918 年又升格为领事馆，1925 年升格为总领事馆。“二战”期间，法国总领事馆接受维希政府领导，仍正常运作。1945 年 6 月，被日伪查封，9 月恢复运作。1947 年 5 月关闭。法国（总）领事馆是在哈尔滨开设时间最长的外国领事馆。

▼ 医院街上的原法国领事馆（今颐园街 3 号）

▼ 齐齐哈尔街（今龙江街）上的原法国总领事馆（现已无存）

原德国驻哈尔滨领事馆（总领事馆）

1909 年设立，首任领事道弥尔。德国领事馆最初设在埠头（道里）炮队街（今通江街），1910 年迁至车站街（今红军街）。第一次世界大战爆发后，北洋政府与德国断绝外交关系，德国领事馆遂于1917年关闭。1920年，德国领事馆重新运作并迁至阿什河街波波夫兄弟公司大楼，1923 年升格为总领事馆。1945 年 5 月再度关闭。

▼ 阿什河街原德国总领事馆现状（今属哈尔滨市花园小学）

原英国驻哈尔滨领事馆（总领事馆）

1911 年，英国政府正式设立驻哈尔滨领事馆，首任领事义思德。1929 年，升格为总领事馆。馆舍最初设在东大直街，1930 年迁至车站街（今红军街）。1941 年太平洋战争爆发后，被日伪查封。

▼ 东大直街上的原英国领事馆（现已无存）

▼ 车站街上的原英国总领事馆（今红军街 69 号）

原意大利驻哈尔滨领事馆

1920 年，意大利在阿什河街设立领事代表部，罗伯特任代领事。1923 年 3 月，意大利驻哈尔滨领事馆正式设立（同时代管在哈尔滨的罗马尼亚侨务），首任领事吉别洛 - 索科，馆舍随即迁至车站街（今红军街）上的吉别洛 - 索科大楼。1926 年，迁至长官公署街（今民益街）与吉林街交口处。1932 年，迁至松花江街波兰商人老巴夺名下房产内。1942 年关闭。

▼ 车站街上的原意大利领事馆（该建筑原为吉别洛 - 索科私宅，今红军街 63 号）

▼ 原意大利领事馆现状（今松花江街 85 号）

原葡萄牙驻哈尔滨领事馆

1921 年设立，首任领事斯基德尔斯基。馆舍为阿什河街上的斯基德尔斯基私宅（建筑历史地址为大直街 14 号），“二战”后期关闭。

▼ 原葡萄牙领事馆现状（今阿什河街 31 号）

原苏联驻哈尔滨总领事馆

1921 年，远东共和国在哈尔滨设立代表部，1922 年因远东共和国并入苏联而裁撤，同时设立苏俄驻哈尔滨代表部。1924 年 7 月，苏俄代表部升格为苏联总领事馆并在埠头（道里）临时开馆。同年10月正式开馆，首任总领事拉基金，馆址设在吉林街原犹太实业家克罗尔的私宅“大鹰楼”。1929 年“中东路事件”期间暂时关闭，馆务由德国总领事馆代办，年底恢复运作。1930 年迁至今耀景街原俄国总领事馆馆址。1945 年 8 月苏联对日宣战后关闭，苏联红军进入哈尔滨后又恢复活动。1949 年 10 月 2 日中苏建交，10 月 20 日苏联总领事馆正式恢复运作。1962 年 9 月 25 日关闭，是为哈尔滨最后一个关闭的外国领事馆。

原苏联总领事馆（今吉林街 52 号）

原苏联总领事馆（今耀景街 22 号）

原捷克斯洛伐克驻哈尔滨领事馆

1919年2月，捷克斯洛伐克政府任命葛司为外交代表，常驻哈尔滨。1931年6月，捷克斯洛伐克领事馆正式设立，首任领事贺尼，馆址在吉林街“大鹰楼”（即原苏联领事馆建筑），后迁至建筑街。1939年捷克斯洛伐克被纳粹德国占领并拆分，其驻哈尔滨领事馆亦被德国总领事馆接收。

原波兰驻哈尔滨领事馆

波兰侨民是哈尔滨外侨的主要组成部分，数量仅次于俄侨。1920年，波兰共和国驻哈尔滨领事馆设立于聋子街（现凤翥街）21号“波兰之家”大楼内。20世纪30年代迁至阿什河街。1942年被日伪查封。

原捷克斯洛伐克领事官邸（今吉林街52号院内）

聋子街（今凤翥街）上的原波兰代表处（现已无存）

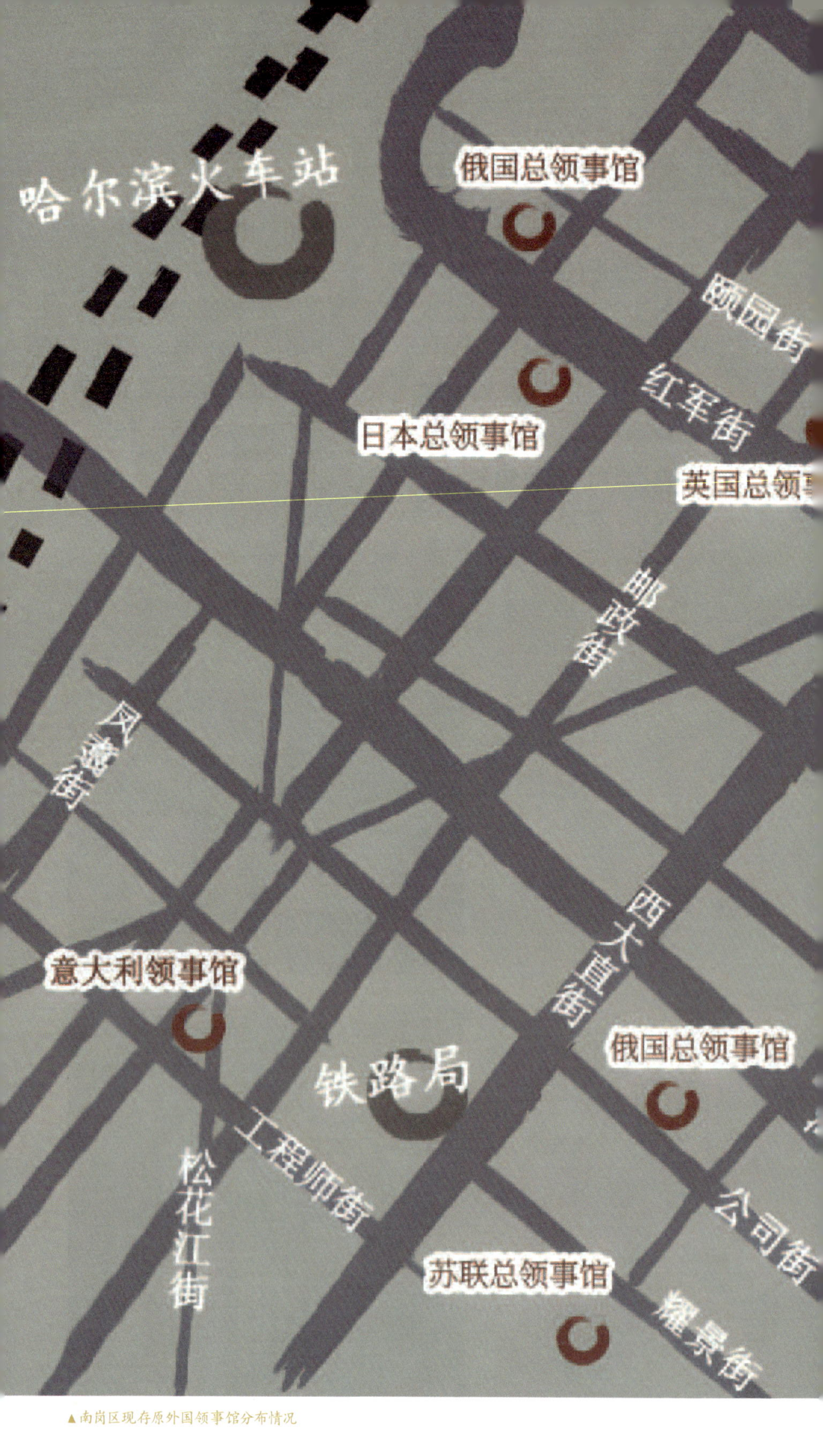

▲南岗区现存原外国领事馆分布情况

吉林街
捷克领事馆
美国领事馆
领事馆
秋林
东大直街
葡萄牙领事馆
德国领事馆
美国总领事馆
意大利领事馆
阿什河街
果戈里大街
中山路
日本总领事官邸
街

名校摇篮
——名牌学府云集

20 世纪初，南岗区的大部分街区属于中东铁路附属地。俄国人把持的中东铁路管理局以及日本、美国、波兰、乌克兰等国纷纷在南岗区开办路立、私立的大中小学校及各类职业技术学校。南岗区遂成为当时哈尔滨乃至中国东北各城市中教育最发达的城区。为管理路立学校，中东铁路管理局还专门设立了学务处。

1926 年，中国政府收回哈尔滨市政管理权。同年，东省特别区教育局成立，随即关闭了中东铁路管理局学务处，强行收回其所把持的教育权并接管了市区内的各类公立、私立学校，教育事业由此获得了长足发展。哈尔滨沦陷后，日伪于 1933 年在伪“哈尔滨特别市”行政处社会科下设教育股，次年 12 月改称“教育科”，负责统管市区内中小学，对学生实施奴化教育。1946 年哈尔滨解放后，中共领导的市教育局成立并接管了市属各类学校，此后又陆续成立了多所中小学校和大专院校。以大直街、学府路为干线串联起多座高等学府，南岗区成为哈尔滨大专院校最为集中的主城区。

优渥的历史积淀使南岗区成为哈尔滨教育的龙头，也是众多名校的摇篮，小学、中学、职业院校、高等学府……教育行业的方方面面都有熠熠生辉的名字。桃李芬芳的校园里走出了无数中外名人、英雄志士和国之栋梁。

小学教育

南岗区有记载的第一座小学是 1903 年在新市街建立的第一新哈尔滨小学校（今团结小学），它是为中东铁路家属服务的外侨学校。及至清末民初，南岗区周边的农村小学已有多所，如：1911 年 8 月王岗镇靠山屯创办的靠山小学堂（后称“双城府立第十二小学堂”，1914 年改称“滨江县立第四小学校”），以及哈达屯小学校、杜家屯小学校、后兴隆沟小学校等。市区内的小学有：东省特别区第一学区区立第四小学、第五小学、第十九小学、第二十小学（今复华小学）等。其中比较知名的学校是1923年设立的两所学校，分别是位于瓦街与教堂街（今教化街）交口的尤格维奇纪念小学和中东铁路管理局学务处在莫斯科商场（今黑龙江省博物馆）创办的普育学校。普育学校附设小学部、初中部和幼儿园。1927年小学部改称“东省特别区第一学区区立第十七小学校”。

▼1903年在新市街建立的第一新哈尔滨小学校（今团结小学）

哈尔滨解放后，南岗区小学教育迅速发展。1947年至1949年，解放小学、东北电业子弟小学（今文昌小学）、铁岭小学、文化小学和东北烈士子弟小学（今继红小学）等相继成立。20世纪50年代，又相继成立了文庙小学（今育红小学）、国课小学（今长虹小学）、文景小学、师范附小和清滨小学等小学校。此后小学数量不断增加。改革开放后，南岗区的小学教育不断正规化、标准化，南岗区被省政府批准为普及初等教育先进区。

中学教育

南岗区早期的中学以外侨学校居多。1906年8月，俄国人开办的奥克萨科夫斯卡娅女子中学在车站街（今红军街）开学授课。1907年，以中东铁路管理局局长霍尔瓦特姓氏命名的中学在通道大街（今中山路）开办，这是一所由中东铁路管理局筹建的规模较大的俄侨中学。1925 年后，霍尔瓦特中学更名为“苏联路员子弟第一中学校”，1935 年更名为“日本花园寻常高等小学校”，主要招收日籍学生。1949 年，中国人民解放军第一航空学校选定这栋建筑作为教学楼，现为中国人民解放军空军哈尔滨飞行学院。

1913 年，波兰显克微支中学在东大直街与齐齐哈尔街（今龙江街）交口处开办，它是一所为 1918 年独立后的波兰教育部所承认的境外中学。

1920 年，乌克兰中学在新买卖街（今果戈里大街哈尔滨市第十七中学址）开办，1945 年日本投降后改称“苏联第三中学”。

▼ 霍尔瓦特中学

▼ 波兰显克微支中学

乌克兰中学

1921 年，米罗留鲍夫中学在马家沟教堂街（今革新街）开办，1924 年迁至新买卖街（今果戈里大街）与布鲁西洛夫街（今中和街）交口处，改称“普希金中学”。

1923 年 10 月，中东铁路普育学校在莫斯科商场第二号房（今黑龙江省博物馆内）创办，归中东铁路管理局学务处管理。1926 年 8 月，东省特别区教育局收回该校办学权。1927 年，其中、小学分立，中学改称“东省特别区第三中学校”并增设高中班。1928 年，中学迁入山街（今一曼街）新建的校舍，是为著名的哈尔滨市第三中学前身。

东省特别区第三中学（今哈尔滨市第三中学）

1924 年，从德女子中学开办，当年年底迁至邮政街，1926 年更名为“东省特别区区立第一女子中学校”。1927 年，一位名叫张迺莹的女孩入校就读，她就是后来的著名女作家、被称为“文学洛神”的萧红。哈尔滨沦陷后，学校改称“滨江省哈尔滨女子国民高等学校”，是为现哈尔滨市第六

▲ 从德女子中学（今哈尔滨市萧红中学）

中学校前身。后哈尔滨市第七中学迁入其校舍，学校更名为“哈尔滨市萧红中学校”。

1934 年，富士高等女子学校成立，校址在通道街（今中山路）。

1946 年哈尔滨解放后，南岗区成立了哈尔滨市第五、第七中学。新中国成立后，又相继成立了第十七、第十九中学及师范学院附属中学。同时，还开办了 5 所民办中学。此后南岗区中学教育发展迅速，辖区内的哈三中、师大附中皆为省重点高中的翘楚。

专科、职业教育

1903 年中东铁路建成后，精通铁路管理和技术方面的人才奇缺。为此，中东铁路管理局在西大直街规划建设了中东铁路商务学堂（简称“商务学堂”），是为哈尔滨最早的一所专科学校。1906 年学校正式招生，分设男子商务学堂和女子商务学堂。1924 年，商务学堂改称“中东铁路员工子弟高级职业学校”。在此开办的职业学校还有 1920 年创建的哈尔滨高等经济法律学校、1921 年创建的哈尔滨第一音乐学校以及 1935 年创建的哈尔滨铁道学院。哈尔滨高等经济法律学校 1922 年升

▲ 中东铁路男子、女子商务学堂（今哈尔滨工业大学附属中学初中部）

级为“哈尔滨法政大学”，这是当年哈尔滨首屈一指的文科大学。

1911 年，哈尔滨第一齿科学校开办。1923 年，哈尔滨美国英文商业专门学校在车站街（今红军街）吉别洛 - 索科大楼内开办。

中国政府收回哈尔滨市政管理权后，开始自己创办专科学校、职业学校。1924 年，为纪念第一任中东铁路督办许景澄，在邮政街上成立了“许公纪念实业学校”。这是南岗区第一所独立设校的高级职业中学。赵尚志就是该校的首期学员，并从这里走上了革命道路。后来，学校改称“许公纪念储材学校”。1926 年，该校划归东省特别区教育局管辖，改称“东省特别区许公职业学校”。1938 年，更名“滨江省立哈尔滨第一国民高等学校（工科）”，是为现哈尔滨第十三中学的前身。

1946 年哈尔滨解放后，人民政府开始大力发展职业教育，培养了大批专业人才和干部。职业教育或者交给工业、农业等部门单独办学，或者交给中学、师范学院等学校兼办。比如，在松江省哈尔滨第三中学校开设了电工、机工等专业课程，在新成立的哈尔滨市第七中学开设了财经专业课程等。1964 年，第十农业职业学校（哈尔滨市第八十九中学前身）成立。

改革开放后，南岗区开始在多所中学试办职业高中班，开设电工、美术、音乐、财务、幼师等专业课程，并开始创建职业中学。1982 年，第一所独立设校的职业中学 — 哈尔滨市第二职业中学成立。此后，又有几所高职院校相继在学府路成立。

▼ 哈尔滨第一齿科学校曾在雅古诺夫大楼内办学（今邮政街尚都购物广场）

▼ 许公纪念实业学校（今邮政街 341 号）

大学教育

南岗区是哈尔滨市拥有大学较多的城区。“国防七子”中的两所大学——哈尔滨工业大学和哈尔滨工程大学，以及其他著名学府，如哈尔滨医科大学、黑龙江大学、哈尔滨师范大学、哈尔滨理工大学等都坐落于此。

哈尔滨工业大学

哈尔滨工业大学的前身是为培养大批中东铁路工程技术人员而于1920年成立的哈尔滨中俄工业学校，校舍最初设在公司街的俄国总领事馆旧址，后经陆续扩建，校区延伸到了西大直街、联发街、海城街之间。1922年，改称“中俄工业大学校”。由于毕业生可被授予工程师职称，所以该校被誉为“工程师摇篮”。1928年，改称“东省特区工业大学校”，1938年1月改称“哈尔滨工业大学”（简称“哈工大”）。1945年日本投降后，学校曾由中、苏两国政府共管。新中国成立后，学校的隶属关系几经变更，现为工业和信息化部所属国家重点大学，科研和学术水平在国内乃至国际处于领先地位。

▼哈尔滨工业大学主楼

哈尔滨工程大学

哈尔滨工程大学的前身是成立于1953年的中国人民解放军军事工程学院（简称“哈军工”）。它是新中国第一所高等军事工程技术院校，被誉为“共和国军事工程的摇篮”。1966年4月，改称“哈尔滨工程学院”并退出部队序列。1970年，开始分拆、内迁。哈军工分拆的院系衍生出国防科学技术大学、南京理工大学等多所高等院校。在原址组建的哈尔滨船舶工程学院，是培养中国海军军事工程技术人才和进行科研攻关的重要基地。1994年，更名为“哈尔滨工程大学”。它为我国国防现代化建设做出了重要贡献，建立了不可磨灭的功勋。

▼ 哈尔滨工程大学主楼

黑龙江大学

黑龙江大学的前身是1941年在延安成立的抗日军政大学三分校俄文队，后又几经更名，1944年改称“延安外国语学校”。1945年抗战胜利后，学校部分师生随大部队挺进东北。1946年11月在哈尔滨复校，更名为“东北民主联军总司令部附设外国语学校”。1948年末至1958年8月，又相继改称“哈尔滨外国语专门学校”“哈尔滨外国语专科学校”“哈尔滨外国语学院”。1958 年 8 月，位于学府路上的校舍扩建完毕，更名为“黑龙江大学”。它是省属重点综合性大学，享有“中俄外交官的摇篮”美誉，在全国高校中拥有首屈一指的对俄办学特色。

▼ 黑龙江大学主楼

桃李天下，春晖四方。从南岗走出的莘莘学子已在各行各业取得杰出成就，成为国家的栋梁之材。南岗这条“龙脊”人杰地灵，凭借深厚的文化底蕴，正以昂扬之姿书写辉煌的未来。

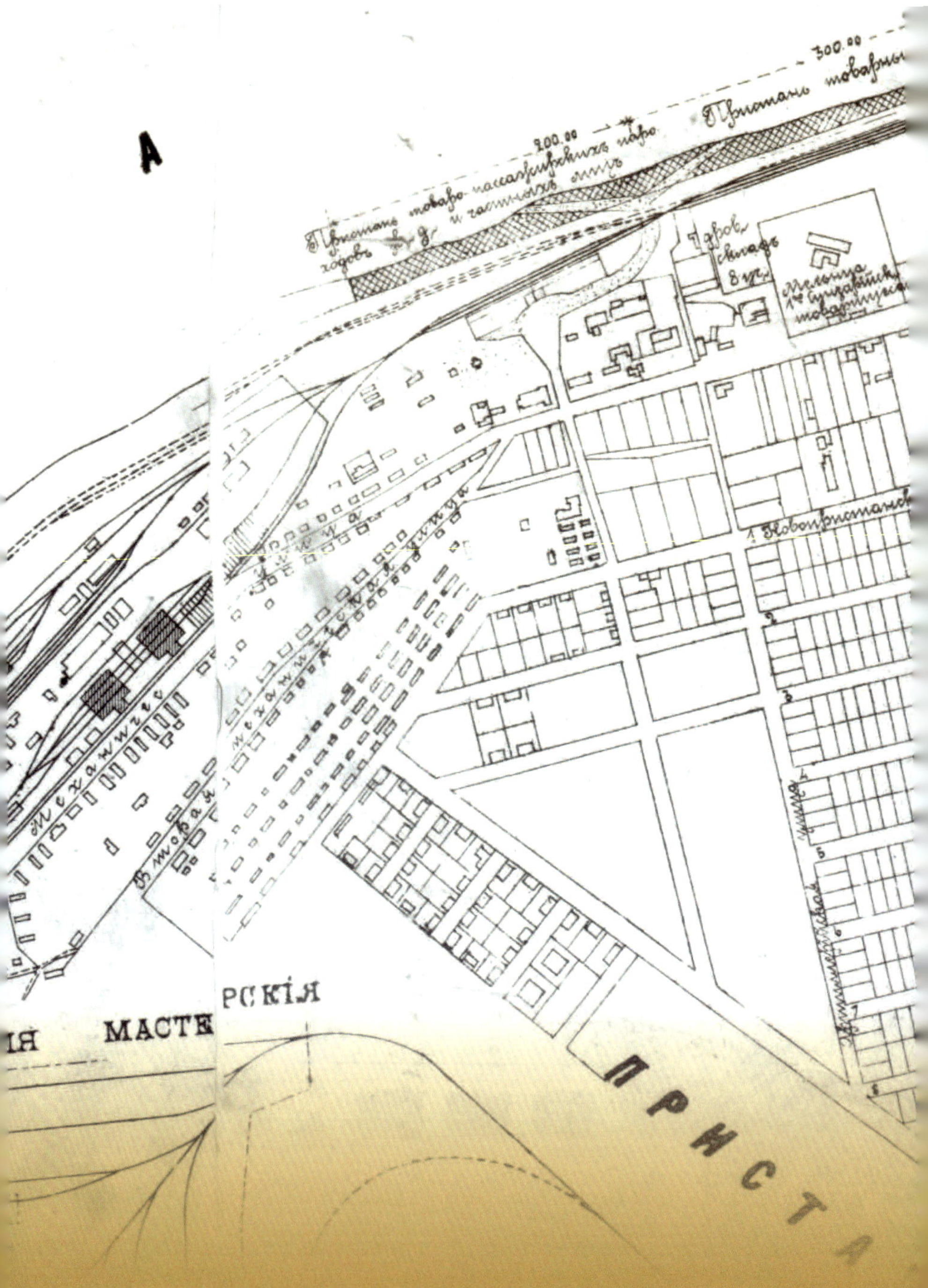
А
300.00
200.00
ІЯ МАСТЕ
РСКІЯ
ПРИСТА

瑰丽浪漫的道里

道里溯源
——核心区域的起源与历史发展

哈尔滨道里区久有人居，阎家岗发掘的旧石器时代人类遗迹距今已有两万年。清道光年间，这里驻扎有镶红旗二屯。19世纪下半叶，这里的人口逐渐稠密起来，松花江南岸的江滩上开始散布着一些渔村、晒网场和渡口。后来，又有了许多非农耕人口的聚居点，其中尤以“元聚烧锅”（在今乡政街南端）最为兴盛。元聚烧锅是一个大型的酿酒作坊，拥有三进院落、两座炮楼，并在松花江畔的高处地带置办了材料场（今兆麟公园址），占地共约15公顷。清光绪年间，松花江南岸（今址属爱建小区）设有一座百人税关营盘。

清政府设立的百人税关营盘

1898年的夏天，松花江上驶来一艘冒着黑烟的汽轮，船上下来了一队高鼻深目的洋人，原来是中东铁路建筑工程局副总工程师依格纳齐乌斯和第九工程段段长希尔科夫等率领特别考察队抵达了哈尔滨。这艘名为“布拉戈维申斯克号”的汽轮靠岸地点就在今九站码头附近。

此后铁路工程技术人员、管理人员、护路队、产业工人、商人以及他们的家眷陆续到来，俄国人修建了码头，铺上了铁轨，码头旁又相继修建了道路、车站、仓库、住宅、商店……曾经荒烟蔓草的江滩很快变成一座繁忙的货场，码头连着车站成为中东铁路和哈尔滨早期的物资集散中心。这里开通了事实上在哈尔滨运行的第一座火车站，被称为“码头站”或“江沿站”。老百姓也把这里称为“九站”，这个名称一直沿用到现在。而整个这片城区也有了一个新名字——“埠头区”。

九站码头

1898年，中东铁路建筑工程局将沿江附近地段拨给散居于哈尔滨的中国人，他们在此开了一些商铺、食肆，以满足码头、货场工人的日常需要。渐渐地这里形成了一条主要街路，人称“中国大街”（今中央大街）。1899年，中东铁路第八工程段驻地附近修起了一条直通秦家岗的道路，用以运送辎重设备，被称为“地段街”。同年，跨越松花江的中东铁路第一松花江大桥开始修建，这是中国第一条超过千米的跨江铁路桥。

建设中的中东铁路第一松花江大桥

1900年“庚子之变”，元聚烧锅被俄军纵火焚毁，位于江边的元聚烧锅材料场亦被俄军强占，改作战地医院。俄军撤离后，此地被中东铁路管理局接管并改作埠头城市花园，是为兆麟公园的前身。当年8月，萨哈罗夫率俄军“救援哈尔滨兵团”乘船抵哈，驻扎在埠头区江沿附近。其炮兵驻地被称为“炮队街”（今通江街），哥萨克军驻地被称为“哥萨克街”（今高谊街）。

▲ 1900年被围困的俄国人在埠头消防队瞭望台上等待萨哈罗夫兵船到来

1901年10月至1902年初，中东铁路建筑工程局对埠头区进行了规划设计。规划中的埠头区被铁路线围合：东端是通往满洲里的中东铁路线，南部衔接哈尔滨火车站机务段，西侧被通往中东铁路哈尔滨机械总工厂的铁路所截断，北头则是松花江岸上的“码头站”。这片城区在地理上被铁路线（俗称“铁道”）所围合，在行政上又属中东铁路附属地，所以后来就有了“道里”的称谓。埠头区西侧的主要街路与铁路线平行，被称为“斜纹大街”（今经纬街）；中部南北向的交通干道与中国大街（今中央大街）平行，被称为“新城大街”（今尚志大街）；北侧东西向的主街旁是俄国警察局，被称为“警察街”（今友谊路）。

1902年6月，中国大街（今中央大街）与新城大街（今尚志大街）之间（今西头道街至西九道街地段）开始面向市民出租经营，后因租地者众多，又开辟了中国大街（今中央大街）与炮队街（今通江街）之间的地段。正因如此，前者被称为“老埠头区”，后者被称为“新埠头区”。

1904年7月，埠头区街道如中国大街（今中央大街）、警察街（今友谊路）、商铺街（今花圃街）、商市街（今红霞街）、日本街（今西六道街）、药铺街（今中医街）、沙曼街（今霞曼街）、市场街（今西十一道街）、八杂市街（今西四道街）、马街（今东风街）、短街（今端街）等，获正式命名。

▼ 1903年规划中的埠头区

▲1900 年的石头道街原本并无石头，其俄文原意为“大桥街”

埠头区工商业在短短几年内也得到了迅猛发展。1899 年，埠头区有了中国人开办的商号“同盛隆”“永和栈”以及犹太人开办的第一家服饰用品店。1900 年，俄国人在江畔开办了“第一满洲制粉公司”。捷克犹太人埃尔姆里在中国大街（今中央大街）开办了一家乐器店，是为哈尔滨最早的乐器店。从那时起，中国大街（今中央大街）上就时时回荡着动人的乐声。

1901 年，马街（今东风街）上有了希腊人开办的“安基巴斯酒厂”，埠头区的商民自发成立了“商业公所”。1902 年，埠头区有了捷克人开办的“东巴伐利亚啤酒厂”、中国人开办的“元吉号”米谷杂粮商行和俄国人成立的“阿基谢耶夫兄弟商会”；俄国人还开办了一家商务俱乐部，所在街道因此得名“商务街”（今上游街）。1903 年，俄国茶商契斯恰科夫开始在药铺街（今中医街）经营茶庄；波兰籍犹太人老巴夺来哈从事手切烟丝业，翌年在宽街（今西十三道街）开办了“葛万那烟庄”；俄籍犹太人德里金和巴杜申斯基成立了“东方机器制粉厂”（俗称“德里金火磨”）；“曼多维奇酒厂”在炮队街（今通江街）开办；“里拉乐器店”在中国大街（今中央大街）开办……相较于当时一切为中东铁路服务的新市街（南岗），埠头区已经发展成为一个更加自由和开放的商贸区。至 1903 年 5 月，人口达到了一万六七千人。

在九站码头的西侧，俄国人于 1898 年开始兴建当时中国东北地区第一个重工业工厂——中东铁路哈尔滨机械总工厂。1907 年，工厂全面开工生产，有 11 个分厂、2000 余名员工，可以组装和检修火车机车、客车、货车。所属发电厂从 1905 年开始向厂区和位于新市街的铁路员工住宅区、

▲ 中东铁路哈尔滨机械总工厂锻造车间

▲ 1903 年位于江畔的松花江制粉厂

哈尔滨火车站等地送电，是为哈尔滨的第一座发电厂。机械总厂培养了哈尔滨的第一批产业工人。国十月革命爆发后，总工厂的工人们连续发动、参与了四次中东铁路全线大罢工。

由于看到了哈尔滨所具备的水陆联运优势，1907 年哈尔滨一开埠，各国的“淘金者”便蜂拥而至，埠头区更是成为欧美日商贸和金融企业的落脚点。法国国际卧车公司，丹麦宝隆洋行，德国孔士洋行、西门子公司，日本三井物产、松浦洋行、正金银行，以及英国汇丰银行等大型跨国企业基本是在 1910 年前后就进入埠头区开展业务了。而早一步在哈尔滨发展的俄商，这时也已具备了雄厚的实力。例如，秋林洋行在中国大街（今中央大街）设立了分店，萨姆索诺维奇兄弟商会也在此建起了三层大楼；靠做珠宝生意发家的俄籍犹太人约瑟夫·卡斯普，开办了名为“马迭尔”的豪华旅馆……

第一次世界大战爆发前，埠头区城市建设迎来了一个小高峰，不仅各主要街路均已初具规模，而且楼宇参差、车马日盛。同时，外国侨民数量也不断增加，并开始形成不同种族、不同宗教信仰的侨民聚居区。

◀ 炮队街（今通江街）上的德国孔士洋行（右侧为原德国领事馆）

商业的兴旺推动了埠头区文艺和体育的发展。1903 年，俄国人伊万诺夫在埠头城市花园（今兆麟公园）开办了“门捷列夫花园剧场”。1904 年，“鲍罗夫斯基马戏园”在地段街开办。1905 年，哈尔滨第一家电影院——俄国人科勃采夫创办的可容纳百名观众的“科勃采夫法国电影院”，在中国大街（今中央大街）诞生。1906 年，扬戈若格尔在商市街（今红霞街）开办了“节克坦斯（颓废派）电影院”。同期在埠头区开业的影剧院还有“达尼洛夫剧场”“古巴诺夫艺术剧院”等。1907 年，哈尔滨自行车运动协会在炮队街（今通江街）、药铺街（今中医街）、哥萨克街（今高谊街）和商市街（今红霞街）的中间地带修建了环形自行车赛车场（今红星广场），开始举办自行车比赛。1911 年 5 月，哈尔滨运动员协会开始在炮队街与哥萨克街之间的江沿上筹建游艇俱乐部。6 月，哈尔滨游艇俱乐部首次在松花江上举行了摩托艇、划艇以及各种小船比赛。这里也是中国较早开展水上赛事的地方。

不只外国人在埠头区混得风生水起，中国人也在努力扩大自己的影响。1901 年 7 月，吉林铁路交涉总局在埠头区重建。1902 年 1 月，黑龙江铁路交涉总局也在埠头区重建。两局隔地段街相望，代表中方同俄方交涉中东铁路相关事宜。1904 年，“同发隆五洲百货店”在埠头区开业。1905 年，“天成茶庄”在中国大街（今中央大街）开业。1906 年，“公和利华洋货店”在高加索街（今西三道街）开办了支店；纪凤台开办了埠头区“仙女大戏院”，向俄国人介绍中国京剧艺术。1908 年，中国商民在埠头区成立了“哈尔滨商务总会”，张万川任总理。1912 年，

▼ 游艇俱乐部

▼ 重建的吉林铁路交涉总局

“日升恒绢棉布批发商店” 在新城大街（今尚志大街）开业； 中国人开办的 “滨江俱乐部” 在蒙古街（今西七道街）开业……

第一次世界大战爆发后， 俄国陷入战局无暇东顾， 紧接着是苏俄内战的爆发， 这既给哈尔滨造成了一定程度的混乱， 也带来了机遇。 经济上， 一些中国民族工商业者开始接手俄商经营的企业， 如 1915 年张廷阁收购俄商经营的东方机器制粉厂，创办了名噪一时的哈尔滨双合盛制粉厂。 政治上， 中国人也开始逐步收回被俄国人把控的警察、 司法、 税务、 邮政等权力。

俄国十月革命期间， 有近 20 万白俄越过中俄边界流落到哈尔滨， 并于 1918 年左右在靠近埠头区西部一带形成了 “纳哈罗夫卡村”。 1921 年，中东铁路管理局在正阳河湿地一带辟建了 “沃斯特罗乌莫夫村”。 纳哈罗夫卡村位于中东铁路哈尔滨机械总工厂以南， 这一大片区域俗称 “偏脸子”。“偏脸子” 与靠近哈尔滨火车站机务段的地包头道街（今抚顺街）连成一片， 称为 “新安埠”。 正阳河地区的沃斯特罗乌莫夫村在中东铁路哈尔滨机械总工厂以西， 临近松花江， 街路和房屋质量皆优于纳哈罗夫卡村。 两村的面积之和几乎与埠头区相当， 新辟街路均以俄文命名。1925 年， 东省特别区警察总管理处开始将哈尔滨的部分俄文街名改为中文街名。 纳哈罗夫卡村的街道皆以 “安” 字开头， 如安国街、 安固街、 安化街、 安心街、 安和街等， 所以这里俗称 “安字片儿”； 沃斯特罗乌莫夫村的街道皆以 “河” 字开头， 如河图街、 河清街、 河曲街、 河鼓街、河源街等， 所以这里俗称 “河字片儿”。

▼ 纳哈罗夫卡村的弗拉基米尔街（今安国街）

流亡到哈尔滨的白俄之中不乏富商巨贾，他们或将生意转移到哈尔滨，或在哈尔滨投资兴业。1918年至1922年，埠头区迎来了建设热潮，城区主要街路，尤其是中国大街（今中央大街）的建筑风貌都定型于这一时期。

1926年3月，东省特别区市政管理局发布公告，宣布解散俄国人把持的“哈尔滨市自治公议会”，成立哈尔滨自治临时委员会。11月1日，哈尔滨特别市自治会成立，选举张廷阁为会长。同时，成立了哈尔滨特别市市政局（相当于市政府），储镇出任市政局局长（市长）。埠头区划归哈尔滨特别市管辖，新安埠、正阳河、顾乡屯一带划归东省特别区市政管理局管辖。

20世纪20年代的中国大街（今中央大街）

地段街上俄国人把持的“哈尔滨市自治公议会”大楼

▲ 哈尔滨特别市自治会设在中国大街米奇科夫大楼内（今中央大街 32 号）

1927 年，哈尔滨开通了有轨电车，道里段从刚落成一年的霁虹桥开始，经新城大街（今尚志大街）直通警察街（今友谊路）。同年，哈尔滨特别市市立公园（今兆麟公园）扩容重建，修建了人工河、假山、凉亭、阅报社等设施，成为一座中西合璧的优美园林。哈尔滨总商会的新会所也在水道街（今兆麟街）举行了落成典礼。1928 年，中国大街正式改称“中央大街”并更换街牌。

▼ 扩建后的哈尔滨特别市市立公园（今兆麟公园）

▲ 有轨电车驶过新城大街(今尚志大街)

◀ 20 世纪 20 年代末的中央大街(商号几乎都有俄文牌匾)

20 世纪 20 年代末， 埠头区已是人烟稠密、楼台栉比， 有 20 余国侨民在此居住， 商人经营商号。 人们在中央大街上就可以看到上周刚刚发布的巴黎时装， 聆听新灌制的唱片， 观赏好莱坞的新片……

一时的繁华如迷梦被枪炮声震碎。 1932 年 2 月 1 日， 日军多门师团开始进犯哈尔滨。 2 月 5 日早 7 时， 日军对驻守顾乡屯、偏脸子、何家沟、新正阳河的中国军队发动总攻击。 当日下午， 哈尔滨沦陷。 当年夏季，滂沱大雨连降27天，江水暴涨，泛滥成灾。8月8日，江水自顾乡屯一带漫入市区，水深及腰，路可行船。埠头区更是一片汪洋，流离失所的难民只能逃向地势较高的新市街躲避，风餐露宿，疫病横生。洪水肆虐月余方才退去。

1933年7月1日，伪“哈尔滨特别市公署”成立。1936年，兴建大同路（今新阳路）和大同广场（今新阳广场）以及新国街（今建国街）等街路。1938年，兴建江畔公园，公园范围在今斯大林公园至青年宫一段。同年，祇园公园（今建国公园及其南部地段）动工兴建。1938年，全市被划分为10个区，从此埠头区、新阳区、顾乡区开始并立。

1932年洪灾中的中央大街

1936年兴建的大同广场（今新阳广场）

哈尔滨沦陷期间，日本移民激增，日商也大幅增加。石头道街和地段街上相继有“高岗号”“登喜和”“丸商”“松岛”等日本人开的百货商店营业。与此形成鲜明对比的是，俄商及欧美商号日渐萎缩。1935年，苏联大规模撤回了在哈的工、商、金融部门及侨民。1941年太平洋战争爆发前后，英美等国在哈的上述部门悉数关停，只有轴心国成员德国、意大利及一些仆从国的商业机构得以存留。

1945年8月19日，苏联红军进驻哈尔滨。11月，哈尔滨中苏友好协会成立，李兆麟任会长，会址设在柳树街原吉林铁路交涉总局大楼内。1946年3月9日，李兆麟在水道街9号被国民党特务杀害。为了纪念他，水道街改称“兆麟街”，安葬他的市立公园改称“兆麟公园”。

◀ 原吉林铁路交涉总局大楼被伪满时期伪“外交部北满特派员公署”占用（今属哈尔滨市博物馆）

▼ 埠头区鸟瞰

1946年4月28日，哈尔滨解放。5月3日，哈尔滨市人民政府成立。次日，全市各界15万人在兆麟公园隆重举行“热烈欢迎民主联军市民大会”。7月，纪念抗战胜利一周年大会在兆麟公园举行。为纪念抗联英雄赵尚志，大会提议将新城大街改称“尚志大街”。10月，埠头区改称“道里区”。

1948年8月，第六次全国劳动大会在哈尔滨隆重召开，会址在道里区兆麟影院（今儿童电影院）。10月，爱国民主人士沈钧儒、谭平山、章伯钧、蔡廷锴等入住马迭尔旅馆，参与新政协筹备会议。

▼ 兆麟影院（今儿童电影院）

新中国成立后，道里区的行政区划几经变动，最终于1956年随着原顾乡区的并入而确定下来。在半个多世纪的时光里，道里区始终是哈尔滨最重要的商贸区。地段街上的哈尔滨第一百货商场（俗称“哈一百”）曾位列全国十大百货公司，脱胎于南市场（俗称“八杂市”）的道里菜市场也曾是全国最大的菜市场。中央大街上的妇女儿童用品商店、道里秋林公司等商场也曾以独具特色的经营定位驰名全国。

1953年，原江畔公园扩建，周边铁轨被拆除。1954年，新增游览路线，植树绿化，更名为“斯大林公园”。1955年，中苏友谊馆（今哈尔滨友谊宫）全面竣工，正门前的警察街更名为“友谊路”。1958年，为了纪念哈尔滨市民取得抗击1957年松花江特大洪水的伟大胜利，哈尔滨市人民防洪胜利纪念塔（简称“防洪纪念塔”）在中央大街北端江堤边建成。1961年，全市青年通过义务劳动在江畔建成了哈尔滨青年宫，是为当时全国十大青少年宫之一。

哈尔滨第一百货商场

1958年7月建成的永久性江堤

首届冰灯游园会雪雕作品《万象更新》

1963的元宵节，首届“哈尔滨冰灯游园会”在兆麟公园举办，这里也成为中国冰灯艺术的发源地。从此，每年冬天都会举办并延续至今。那些玲珑剔透、巧夺天工的冰雪作品，虽然只闪耀短短的两个月时间，却凝结着哈尔滨冬之魅力的精华，被誉为“永不重复的童话”。1985年1月5日，首届“哈尔滨冰雪节”开幕式在兆麟公园南门外举行。从此，1月5日被定为哈尔滨市的节庆日。“哈尔滨冰雪节”是中国第一个以冰雪特色著称的地方性节庆，也是世界四大冬令盛典之一，2001年升格为“中国·哈尔滨国际冰雪节”。目前冰雪旅游已然成为哈尔滨旅游产业的支柱。

1997年，圣索菲亚教堂周边的哈尔滨建筑艺术广场辟建；中央大街改造为商业步行街。进入21世纪后，道里区日日向新：群力新区为城市带来无限活力，哈尔滨音乐厅、哈尔滨美术馆、哈尔滨市博物馆、老会堂音乐厅将艺术注入生活，松花江公路大桥、阳明滩大桥、四方台大桥飞架大江南北，中东铁路公园、斯大林公园、九站公园、音乐公园、群力外滩生态湿地连绵相接……

道里的繁华在中央大街闪烁的霓虹里，道里的优雅在音乐厅奏响的乐曲里，道里的活力在公园道路上奔跑的身影里，道里的惬意在江畔回荡的歌声里……

▲ 阳明滩大桥

▲ 音乐广场

欧陆风情
——规划结构与建筑特色

道里区的核心是位于中东铁路附属地内的原埠头区。 埠头区的核心区采用的是具有商业街特征的带状“鱼骨式”规划结构， 核心区两侧的拓展区采用的则是欧洲传统“街坊式”规划结构。

中国大街（今中央大街）及辅街呈线性“鱼骨状”排布， 构成了埠头区的规划结构骨架。 中央大街近乎垂直于松花江南岸码头区， 两侧的辅街密度大、开口多。

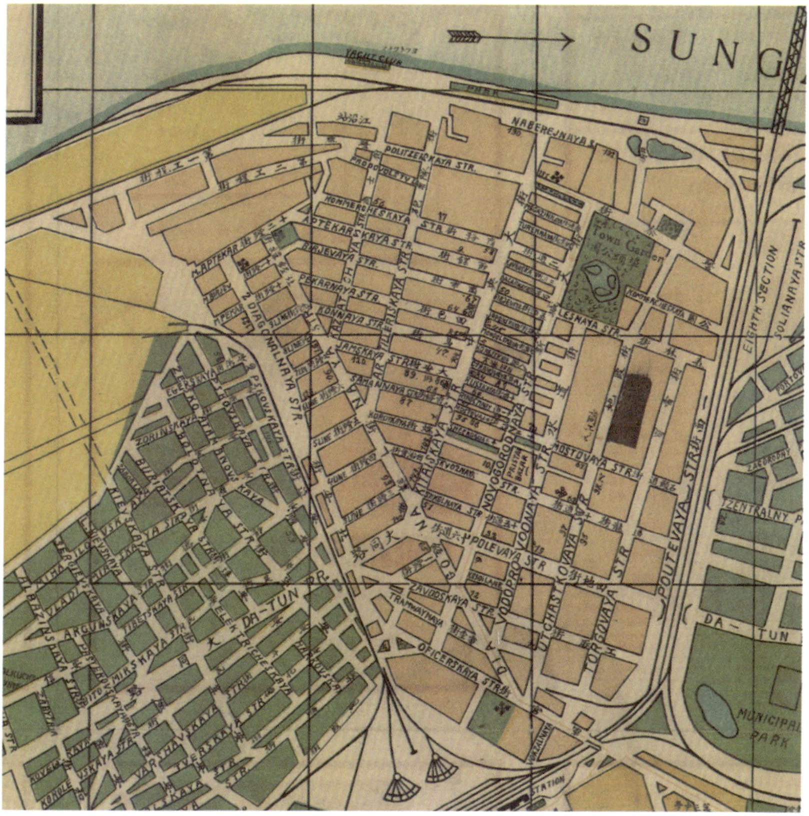

▲ 1939 年的埠头街区图

中央大街素有“亚洲第一街”之美誉，这不仅因其街道之长，而且因其所容纳的建筑风格之多，以及两侧辅街排列方式之特别。可以说，它是一座露天的建筑博物馆，也是一颗镶嵌在松花江南岸的璀璨明珠。值得一提的是，埠头区的街区主要为“街坊式”街区。这种非常契合商业街区功能特点的商住一体的复合式街区，主要分布在中央大街两侧。其中，西侧是以炮队街（今通江街）为主街的“欧洲区”（后发展为犹太社区），东侧是以石头道街为主街的“俄国区”（后发展为日本社区）。东西两片区域又各自开辟设置了城市公共空间：西区设置了哈尔滨第一座体育场——环形自行车赛车场（俗称“自行车广场”，今红星广场）；东区则设置了圣索菲亚教堂广场和埠头城市花园（今兆麟公园）。

冬季用作冰球场的自行车广场（今红星广场）

圣索菲亚老教堂及南、北市场间的绿地

埠头区的整体城市风貌主要由中央大街两旁风格多样的建筑所定调。中央大街堪称“露天的万国建筑博物馆”，街道两旁有古典主义风格建筑、巴洛克风格建筑、新艺术运动风格建筑、文艺复兴风格建筑和折中主义风格建筑。中央大街西侧的辅街街区内，则分布着具有犹太装饰元素的拜占庭风格建筑（会堂）以及伊斯兰风格建筑（清真寺）。此外，埠头区的东侧还分布着一些中式传统风格建筑以及俄式和日式（早期现代主义风格）建筑，西侧则有以中东铁路风格建筑为主体的中东铁路哈尔滨机械总工厂工业建筑群。而在松花江南岸码头区（今斯大林公园一带）又点缀着一些俄罗斯传统风格建筑。

走在道里的街头特别是中央大街上，人们常常会有一种身在“欧洲之城”的错觉。

道里的建筑通常为商住一体的混合式建筑，它是所在街区的一个组成部分，与街区的其他建筑既相互制约又关系密切，很少以独栋建筑的形态出现。这种建筑一般为二至三层，以砖木结构者居多。为了适应商业功能需求，建筑底层一般开设较大的橱窗，从而形成开放式空间；上层用于居住，故开窗较小。由于建筑的进深较大，整个街区一般会形成较小的内院空间。

中央大街两旁的建筑风格多样

地段街上的日商“前田时计店”（今为新华书店）属于早期现代主义风格建筑

▲ 埠头商业街区风貌

▲ 原松浦洋行为商住一体的综合体

总体来看， 道里（主要指原埠头区）的建筑风格是极其丰富多样的，既有独立式的商业大楼， 也有商住一体的综合体， 既有独立式的单体建筑， 也有合院式的建筑群。

▼ 原犹太国民银行所在的英国保险公司大楼为独立式的商业楼

比邻而居
——外国侨民与中国居民

道里的老城区曾经生活过许多来自不同国家、信仰不同宗教的侨民，他们说着不同的语言，过着不同的节日，有着不同的习俗。

20 世纪 20 年代，在埠头区西部，炮队街（今通江街）和斜纹大街（今经纬街）一带，形成了远东地区最大的犹太人聚居区；在埠头区东部，地段街到一面街一带，形成了日本人聚居区；中国人则较为明显地集中居住在埠头区中部的新城大街（今尚志大街）周边。这些聚居区之间没有明显的边界，只是相对比较集中，相互之间其实是参差地融合一起的。

▲ 一对中国母女和不同国家的侨民走过中央大街“边特洋行”的橱窗前

当时，距离斜纹大街（今经纬街）犹太新会堂不到百米的地方，有位于短街（今端街）的基督教卫斯理堂；从炮队街（今通江街）犹太老会堂向北经过两个街区，有鞑靼清真寺；从鞑靼清真寺朝西北方向走约 600 米，有波兰人建的天主教圣约瑟教堂；在地段街南端，有日本人建的东本愿别寺；在其北向不到700米的地方，有俄国人建的东正教圣索菲亚教堂。可以说，埠头区分布着各种宗教会堂，混杂而有序。

俄国侨民

这里所说的俄国侨民主要指信奉东正教的俄国人以及俄籍犹太人和信奉伊斯兰教的鞑靼人。

1898年，俄国侨民乘着轮船来到哈尔滨，是最早踏上埠头区这片土地的外国人。1922年，哈尔滨的俄侨数量达到了巅峰，总数超过20万人，仅埠头区就有近4万人。埠头区的大部分街巷中遍布着他们生活过的痕迹，他们在这里兴建了住宅、商店、工厂、旅馆、银行、医院、教堂、学校、影剧院……

▲ 商务街（今上游街）上的商务俱乐部是俄侨举办活动和演出的重要场所（今属哈尔滨科学宫）

埠头区的第一座东正教堂是1903年在警察街（今友谊路）上落成的圣母领报教堂。这座教堂命运多舛，几经重建，最终版本于1941年竣工，是当时远东地区最大的东正教堂。高耸的钟楼与巨大的拜占庭式穹窿交相辉映，中间镶嵌着彩色玻璃的镀金十字架高达4米，在阳光下闪烁着奇异的光彩，整个建筑气势恢宏，成为江畔令人瞩目的景观。

1907年，俄军东西伯利亚第四步兵师的随军教堂迁到了埠头区中部的水道街（今兆麟街）上。俄国茶商契斯恰科夫出资将其改建为全木结构的圣索菲亚教堂，以供普通俄国侨民使用。1932年，更新、更大的圣索菲亚教堂在旁边落成。

▲ 警察街(今友谊路)上最终版本的东正教圣母领报教堂(今址为哈尔滨市建筑设计院)

◀ 1931年，圣索菲亚老教堂与修建中的新教堂并存

1908 年，埠头区南端的军官街（今霁虹街）建起了圣伊维尔教堂。这是一座俄军的军用教堂，教堂内部的墙壁与穹顶上满是战争与宗教主题的壁画。

苏联接管中东铁路后，为解决员工子女的教育问题，在哈尔滨成立了几所苏联中学。其中，1927 年在埠头区高士街（今高谊街）上成立了东省特别区苏联路员子弟第四中学。这座颇具浪漫主义色彩的建筑被人们称为“玫瑰中学”，其淡粉色的身影为当时的人们所瞩目……

圣伊维尔教堂

东省特别区苏联路员子弟第四中学（今为哈尔滨市教育局办公楼）

19 世纪末，俄国政府为了鼓励更多的人移居到中东铁路沿线，允诺任何愿意移民的俄国人（无论属何种族、民族）都将拥有宗教信仰自由以及不受限制的商业权利和没有限额的受教育权利。这吸引了众多饱受反犹浪潮迫害的俄籍犹太人怀揣希冀来到哈尔滨。1899 年，第一个定居哈尔滨的犹太人别尔采里在中国大街（今中央大街）开办了一家服装商店。1903 年，哈尔滨的犹太人创立了自己的社团组织——犹太祈祷所宗教公会。很快，炮队街（今通江街）一带形成了一个相对集中的犹太社区。1920 年前后，犹太社区进入了发展的鼎盛时期，拥有自己的医院、学校、养老院、免费食堂、慈善机构等，一度成为远东地区最大的犹太社区。

埠头的犹太社区内有两座会堂。犹太老会堂于 1907 年在炮队街（今通江街）和马街（现东风街）交口处奠基，1909 年竣工。1931 年 6 月发生火灾，后重新修缮扩建。犹太新会堂是一座犹太教哈西德教派会堂，于 1918 年在斜纹大街（今经纬街）与五道街（今经纬五道街）交口处开工，1921 年竣工，是为当时远东地区最大的犹太会堂。

犹太老会堂现状（今为哈尔滨老会堂音乐厅）

▲ 犹太新会堂（今为哈尔滨犹太历史文化纪念馆）

犹太侨民十分重视教育，1909 年在炮队街建立了哈尔滨犹太小学。1918 年扩建为犹太中学。这是远东地区的第一所犹太中学。1920 年在马街（今东风街）开办了塔木德－托拉学校，1921 年在炮队街（今通江街）在和大坑街（今大安街）交口处开办了哈尔滨第一社会商务中学；1925 年犹太中学校址上开办了著名的“格拉祖诺夫高等音乐学校”，为哈尔滨培养了大批优秀的音乐人才。犹太侨民于 1920 年在炮队街（今通江街）开办了免费食堂，这些免费食堂开办的目的，主要是为吃不上饭的犹太人分发免费或低价食物。

◀ 格拉祖诺夫高等音乐学校（原为犹太中学）

由犹太贫病救济会创办、在哈犹太人捐建的犹太医院从1933年开始兴建，直到1939年才完工。犹太医院集中了当时哈尔滨最知名的医学专家，设有外科、内科、放射科、口腔科及化验室。收诊的患者既有犹太人，也有其他国家侨民和中国人。

犹太人在哈尔滨经营工厂、商店、银行，出现了一批具有相当实力的企业家和银行家。很多犹太企业家的商贸活动围绕着中央大街展开，也将住宅建在犹太社区周围，如索斯金兄弟就在四趟街（今经纬四道街）建有房产。索斯金兄弟是哈尔滨犹太社区的名门望族，广泛参与了哈尔滨的进出口贸易、面粉和大豆加工业、金融业、航运业以及市政建设工程。

▲ 纳乌姆·索斯金在四趟街（今经纬四道街）的住宅（今为犹太人生活陈列馆）

哈尔滨沦陷后，日伪当局对犹太人实施了各种限制和迫害。在这期间，犹太人生活也受到了干扰和影响。1963年底犹太公会、犹太总会堂关闭，标志着哈尔滨犹太社区的终结。1985年，哈尔滨最后一名犹太人阿哥列去世。

1906年，哈尔滨的俄籍鞑靼人在炮队街（今通江街）与商市街（今红霞街）交口处修建了一座小型的清真寺。1917年俄国十月革命后，大批鞑靼人流亡到哈尔滨。1922年，鞑靼人决定捐款对1906年建成的小清真寺进行扩建，由俄国建筑师日丹诺夫负责设计，但直到1937年才举行落成典礼，开放使用。鞑靼侨民在哈尔滨办有报纸和印刷厂，还经常组织娱乐与公益活动。

▼鞑靼清真寺

日本侨民

1898年，久平光弥等8名日本人移居哈尔滨，他们是哈尔滨最早的日侨。1901年7月，日本佛教本派本愿寺在埠头设堂，所在街道后来被称为“日本街”（今西六道街）。同年11月，日本人在埠头成立了“松花会”，是为哈尔滨日本居留民会的前身。1904年日俄战争爆发前，“松花会”接到命令，要求在哈日侨撤离。

1907年哈尔滨开埠后，日商和日侨重新来到哈尔滨。当年2月，三井物产株式会社就在水道街（今兆麟街）设立了支店。1908年4月，

“松花会”改称“日本居留民会”。此后，进入埠头区的日商有石头道街的竹内商会、中国大街（今中央大街）的松浦洋行、地段街的三菱商事株式会社等。

哈尔滨日侨大多聚居在地段街到一面街一带，他们在这里建起银行、学校、医院、商店、旅馆、居酒屋、报馆、邮局、剧场、神社等，形成了“日本社区”。

哈尔滨最著名的日侨小学是1909年在埠头开办的“东本愿寺附属小学校”。它是日本人在哈开办的第一所小学，1910年改称“哈尔滨日本居留民会附属小学校”。1923年，新校舍在地段街竣工，俄国建筑师日丹诺夫设计的华丽外形使之成为地段街北段的标志性建筑。1936年，学校改称“桃山寻常高等小学校”。

石头道街上的“日本居留民会”

哈尔滨日本居留民会附属小学校（今为哈尔滨市兆麟小学）

1918 年至 1922 年，日本借出兵干涉苏俄内战之机，极力扩大在哈尔滨的影响。地段街上的几家日资银行意图通过大量放贷、倾销日货等措施，操控我国东北北部地区的金融市场。1918 年，日商收购俄商的两处发电所，在透笼街成立了“北满电气株式会社”，为埠头区供应电力。同年，日本人在斜纹大街（今经纬街）开办了“哈尔滨商品陈列馆”，承接各类商品的展览业务，以推广日货为主。该馆还发行日文期刊，内容涉及哈尔滨的政治、经济、文化、市政等，十分详尽。

▲ 地段街上相邻的日本国际运输株式会社、共立齿科医院和“北满电气株式会社”

▲ 斜纹大街（今经纬街）上日本人开办的哈尔滨商品陈列馆

1932年哈尔滨沦陷后，日本以“开拓团”的方式向哈尔滨大量移民，日商数量也大幅增加。1938年，日伪在地段街南端兴建“弘报会馆”，这里集合了日本人经营、控制的“大北新报社”、“哈尔滨日日新闻社”、“哈尔滨时报社”及伪“满洲国通信社哈尔滨支社”等四家新闻单位。

1945年日本战败投降后，大部分普通日侨滞留哈尔滨。1946年哈尔滨解放后，大多数日侨日俘被陆续遣送。新中国成立后，通过中日民间团体努力，又陆续有三千多在哈日侨回国。

20世纪30、40年代石头道街上的日本侨民

波兰侨民

中东铁路的建设者中有很多波兰人。1898年带领中东铁路特别考察队到达哈尔滨的测绘工程师希德洛夫斯基和中东铁路第一松花江大桥的设计师克尔别兹都是波兰人。哈尔滨的波兰社区主要集中在新市街（南岗），但在埠头（道里）特别是中东铁路哈尔滨机械总工厂周边，也有很多波兰人定居。

1903年，波兰籍犹太人老巴夺来到哈尔滨，开始从事手切烟丝业。次年，他在宽街（今西十三道街）创办了“葛万那烟庄”，是为著名的“老巴夺烟厂”前身。在今尚志大街和西十三道街交口处，仍有当年老巴夺投资兴建的大厦。

▼ 新城大街（今尚志大街）和宽街（今西十三道街）交口处的老巴夺大厦（今尚志大街 124 号）

▲ 中国大街（今中央大街）上不同国籍、不同族裔和不同阶层的人们

▲ 天主教圣约瑟教堂为哥特风格建筑

1925 年，为了满足机械总厂的众多波兰员工及其家属的宗教需求，波兰侨民兴建的天主教圣约瑟教堂在药铺街（今中医街）落成，是为埠头区唯一的天主教堂。

曾有 27 个国家的侨民居住在埠头区。除上述几国侨民外，还有美国、英国、法国、德国、荷兰、希腊、瑞典、丹麦、捷克斯洛伐克、意大利、比利时、拉脱维亚、爱沙尼亚、立陶宛等国侨民在埠头区开办过商店、餐厅、学校、工厂等。同时，他们也都乐于参与各种文化、体育及社会活动。

中国居民

埠头的中国居民主要集中在两个区域。一个是斜纹大街（今经纬街）北端、中东铁路哈尔滨机械总工厂以东的“三十六棚”。由于这里居住的基本是总工厂的中国工人，所以其正式名称叫“华工住宅区”。在南北长 100 多米、东西长 500 多米的地块内，住着中国工人及家眷多达 800 余户。土屋矮窄，斗室相接，密如蜂房，而且此处地势低洼，一下大雨就有房倒屋塌的危险。住在这里的中国工人可以说一无所有，但却最先听到了俄国十月革命的消息，他们备受鼓舞，连续参与了四次中东铁路全线大罢工。这也拉开了终结俄国在哈尔滨及中东铁路附属地统治的序幕 。

另一个中国居民集中的区域是“偏脸子”。这里住着“闯关东”过来的中国人，以山东掖县（今莱州市）、黄县（今龙口市）的人为最多，所以这里也被称为“小掖县”。他们在这里和流亡的白俄穷人比邻而居。

20 世纪 20 年代的新城大街（今尚志大街）

公和利华洋货店

作为这片土地真正的主人，仍有不甘沉默的中国人始终在争取和维护自己的利益，尽管一直遭受着俄国人的排挤与压迫。华商经营的几大商号，如“同发隆五洲百货店”“公和利华洋货店”“日升恒绢棉布批发商店”“恒顺昌百货店”“世一堂药店”“福泰楼饭店”等通过辛苦打拼在20世纪20年代建立了自己的品牌与声誉，在外商遍地的埠头区闯出了自己的一片天地。中国人的大商号多集中在新城大街（今尚志大街）一带，于是这里也成了华商的聚集地。

▼ 广益学校的学生在出早操

▼ 远处楼房为北市场，近处为南市场（“八杂市”，今道里菜市场）

1905年，华俄学塾在地段街黑龙江铁路交涉总局后院开办，是为埠头区最早的正规华人学堂，后相继改称“吉江译学堂”“吉林省立甲种商业学校”“吉林省立第六中学”。1912年，在哈山东籍商绅借用买卖街上的“双合盛”房舍集资兴办了“鲁人旅哈学校”，学生都是华商子弟，初时只有七八十人。1915年，学校改称“广义学校”，后又改称“广益学校”。1923年，在水道街（今兆麟街）兴建的新校舍竣工，是为当时埠头区首屈一指的华人中学，也是哈尔滨市第一中学校的前身。

埠头区的市集形成得很早，位于新城大街东侧（今尚志大街）与水道街（今兆麟街）之间，随着人潮涌入日渐拥挤杂乱。1921年，新城大街（今尚志大街）东侧、石头道街南北两侧分别辟建了新的南、北市场。南市场人称“八杂市”，专卖各种鸡鸭鱼肉、土产日杂。“八杂”是俄语“市场”的汉语音译，在其后面加上“市”字，不仅反映了俄国侨民经常出入这里，表明他们已经融入哈尔滨的日常生活，而且于不经意间凸显了哈尔滨的中西合璧特色。北市场里主要是华洋混杂的商号、餐馆等。“八杂市”里多为中国人经营的摊位、小铺，一家挨着一家，招牌上中文、俄文、日文都有。来逛“八杂市”的固然是什么国籍的人都有，却也都是过日子的普通人。如果说中国大街（今中央大街）是各国大商号的豪华秀场，那么“八杂市”就是不同国籍普通民众的烟火人间。

中国政府收回哈尔滨市政管理权后，中国人经营的商号、店铺发展迅速，裁缝店、饭店、杂货店、食品店、照相馆、绸布庄、钱庄等，品类齐全，不胜枚举。在新城大街（今尚志大街）、中国大街（今中央大街）、面包街（今红专街）、马街（今东风街）、宽街（今西十三道街）、东透笼街（今西十四道街）上以及北市场、八杂市里，都可以看到中国商号的身影，至于贩夫走卒更是随处可见。

纵观道里的历史，曾经比邻而居的不同国籍的人们在固守自己文化的同时，也深深地相互影响着。或者生于斯，或者葬于斯，他们的故事至今还在流传，并已成为这座城市的宝贵遗产。

北市场里的中国商号和街头小贩

不同国籍的贩夫走卒

环球融资
——蜂拥而至的外资金融机构

哈尔滨的迅速崛起带动了国际商贸的空前繁荣，逐利的本质使得各国金融资本纷纷粉墨登场。从1898年开始，俄、法、英、美、日、意等国在哈尔滨设立了大量的金融机构，且多位于埠头区的核心商圈内。根据资本的源头，这些外资金融机构可分为俄系、欧美系和日系，它们的经营范围涵盖社会的各个经济层面，从而在客观上推动了哈尔滨成为“北满”的金融中心。

▲ 中央大街南端银行林立，右一建筑为法国万国储蓄会大楼，俄国房产主银行亦在此楼营业，右二建筑为美国信济银行，左一建筑曾为哈尔滨第二借款公司银行，1923年苏联远东银行哈尔滨分行在此设立

俄系银行

中国大街（今中央大街）及其辅街是俄系银行的“主阵地”。俄系银行主要为俄侨成立的中小型私人银行。这些各具特色的俄系银行在哈尔滨的金融市场上十分活跃，服务目标通常指向一些特定的人群，如中东铁路的职工、俄侨房产主、犹太人等。

华俄道胜银行是早期俄系银行的“霸主”，于1898年随着修建中东铁路来到哈尔滨，设立了哈尔滨分行，1902年又在埠头区设立了埠头分行。华俄道胜银行所发行的“羌帖”（俄国在我国东北地区发行的纸币）在第一次世界大战前一直是哈尔滨的主要流通货币，十月革命后才退出金融市场。1926年，宣告停业。

1923年6月，苏联在中国的金融代表——远东银行，在中国大街（今中央大街）南端开业。远东银行由苏联政府出资并管理，业务范围包括以哈尔滨为中心的“北满”以及今内蒙古部分地区，后逐步扩展到中国全境乃至日本及欧美各国。苏联将中东铁路“出售”给日伪后，远东银行于1936年停业。

由俄侨集资组建的哈尔滨第一借款公司银行和第二借款公司银行成立时间也较早。1908年，哈尔滨第一借款公司银行在石头道街（今西十二道街）开业。1910年，哈尔滨第二借款公司银行在中国大街（今中央大街）南端开业。两家银行主要为在哈俄侨提供金融服务。1913年，哈尔滨俄国人房产主公会成立贷款储蓄协会，后改组为“哈尔滨房产主公会银行”，主要为在哈俄侨不动产主提供储蓄和融资服务。

俄籍犹太人创办的银行中，尤以远东犹太商业银行、协和银行和犹太国民银行最为著名。1921年，伊萨克·索斯金等俄籍犹太人在中国大街（今中央大街）波格丹诺夫斯基大楼内联合创办了远东犹太商业银行。

◀ 1921年中国大街上的哈尔滨第二借款公司银行更名为“远东借款银行”（今中央大街104号）

1923年，俄籍犹太人集资在中国大街（今中央大街）开办了犹太国民银行。该行以团结在哈犹太商人、扶助资金短缺的犹太中小企业为己任，并一直坚持提取10%资金为慈善及教育事业捐款，得到了中低收入犹太侨民的广泛支持。1959年，改为中国人民银行哈尔滨分行外侨储蓄所，从而成为哈尔滨历史上关闭时间最晚的一家外侨民营银行。

▲ 犹太国民银行（今中央大街59号）

▼ 左一建筑为协和银行所在的奥昆大楼（今中央大街73号）

1926 年，“经济会”的俄籍犹太人会员集资在中国大街（今中央大街）奥昆大楼内创办了协和银行。

欧美系银行

1907 年哈尔滨开埠后，欧美系银行即大举进驻，其中来得最早、影响最大的当属英国汇丰银行，美国花旗银行次之。除此之外，哈尔滨还存在过中华懋业银行、中法实业银行等十余家具有欧美背景的中外合资银行。它们无一例外地选择在寸土寸金的埠头核心商圈开业。欧美系银行（包括具有欧美背景的中外合资银行）大多资金雄厚，业务范围广泛。

英国汇丰银行是英国设在海外的最大的股份制商业银行，在远东地区各大商埠均有分行，资本甚为雄厚。1911 年，汇丰银行哈尔滨分行在埠头区成立，1918 年迁至水道街（今兆麟街）新建的汇丰银行大楼。该行的汇兑业务通达纽约、伦敦、上海、天津等中外大商埠，并以极低的贷款利息扶持在哈英商垄断进出口贸易。同时，倡导向“北满”大量输入英国制造的商品和向欧洲输出大豆、毛皮、肉类等中国产品。1941 年太平洋战争爆发前，宣告停业。

▲汇丰银行哈尔滨分行大楼位于水道街（今兆麟街）与田地街交口处（今兆麟街 37 号）

1919 年，花旗银行哈尔滨分行在石头道街（今西十二道街）成立。花旗银行进驻哈尔滨后一度想发行纸币，并数次通过美国驻哈领事交涉，但均遭中国政府、商会及市民抵制。在哈的美国商号、工厂大多同其有着密切的业务往来。20 世纪 20 年代，该行在哈尔滨拥有强劲的金融实力。1941 年太平洋战争爆发前，宣告停业。

1917 年，法国万国储蓄会在哈尔滨设立分会，1925 年迁到中国大街（今中央大街）南端。1927 年，美国信济银行在中国大街（今中央大街）开业。1928 年，英国麦加利银行在新城大街（今尚志大街）设立哈尔滨分行，主要办理在哈英国工商企业的融资和汇兑业务。

1925 年建成的花旗银行哈尔滨分行大楼位于石头道街（今西十二道街48号）

麦加利银行哈尔滨分行所在的老巴夺大厦（今尚志大街120号）

中外合资银行里比较有影响的是中华懋业银行。这家拥有钞票发行权的中美合资股份制银行，于1919年在北京成立。同年11月，哈尔滨分行在中国大街（今中央大街）设立。

中华懋业银行哈尔滨分行（今中央大街50号）

埠头的其他欧美系银行还有：1919年设立的美国通商银行哈尔滨分行、1921年成立的中意合资震义银行哈尔滨分行、1926年成立的“英满投资交易公司”、1928年设立的中法实业银行哈尔滨分行和哈尔滨法通银行、1929年设立的法亚银行哈尔滨分行……

1932年哈尔滨沦陷后，欧美银行失去了拥有“治外法权”的特殊地位并且受到了日伪当局的严格限制，甚至遭到驱逐。以上大部分欧美银行都在1933年至1936年间关闭了。银行巨头如汇丰、花旗、麦加利等，也在1941年太平洋战争爆发前被迫关停。

日系银行

九一八事变前，日系银行已然在哈尔滨深耕了二十余年。它们全力配合与支持日本对中国的蚕食和侵略，发起了一场不见硝烟的战争。日系银行中影响最大的是横滨正金银行、朝鲜银行和“东洋拓殖金融会社”。三家金融机构都位于地段街，经营上也相互勾结、相互配合。

▼1914 年的横滨正金银行（今地段街 133 号）

1912 年，横滨正金银行哈尔滨分行在短街（今端街）设立，1914 年迁至地段街，前期客户主要为日本商人。该行于 1913 年开始发行“金票”，1917 年将“金票”发行权移交给朝鲜银行，同时将不动产放款业务移交给“东洋拓殖金融会社”。

朝鲜银行原为韩国中央银行，日本吞并朝鲜后将其更名为“朝鲜银行”，1916 年在地段街设立哈尔滨分行。1917 年，朝鲜银行获得了横滨正金银行移交的“金票”发行权，成为日本在中国东北的核心金融机构。1921 年，迁入地段街新楼。1936 年，与正隆银行、伪“满洲银行”一起并入伪“满洲兴业银行”。

▲ 1921 年新落成的朝鲜银行哈尔滨分行（今地段街 85 号）

“东洋拓殖金融会社”（简称“东拓”）是日本官商合资的金融机构，专办长期实业放款和不动产抵押放款。1919 年，“东拓”哈尔滨支店在地段街设立，大力扶持日商发展房地产业，并设东省实业会社作为子公司，从事实业投资。

▼ “东洋拓殖金融会社”（今地段街 126 号）

九一八事变前，埠头较大的日系银行还有1914年成立的松花银行、1920年设立的龙口银行哈尔滨支店和哈尔滨贮金信托株式会社、1924年设立的正隆银行哈尔滨支店等。

1932年哈尔滨沦陷后，日本强行接收了东三省官银号、吉林永衡官银钱号、黑龙江省官银号和边业银行（这四家银行并称“四行号”）在哈尔滨的分号。7月，伪“满洲中央银行总行”成立，哈尔滨“四行号”分别改称伪“满洲中央银行”哈尔滨奉字、吉字、江字、业字支行。1933年，四个支行合并为伪“满洲中央银行哈尔滨分行”，1935年迁至田地街新建的银行大楼。

▼ 伪“满洲中央银行哈尔滨分行”（今田地街115号）

哈尔滨沦陷期间，日伪当局对银行业严加管控，步步紧缩，除日系银行外，其他外资银行（包括合资银行）陆续停业。1945年日本投降后，日系银行全部关闭。哈尔滨的外资银行仅存犹太国民银行仍在营业。

历经半个世纪的风雨，外资银行在哈尔滨从无到有，从兴盛到凋零，真可谓是“你方唱罢我登场”。如今，当我们徜徉在中央大街上，徘徊在地段街口时，还可以从那些建筑上寻找它们当年的印记。

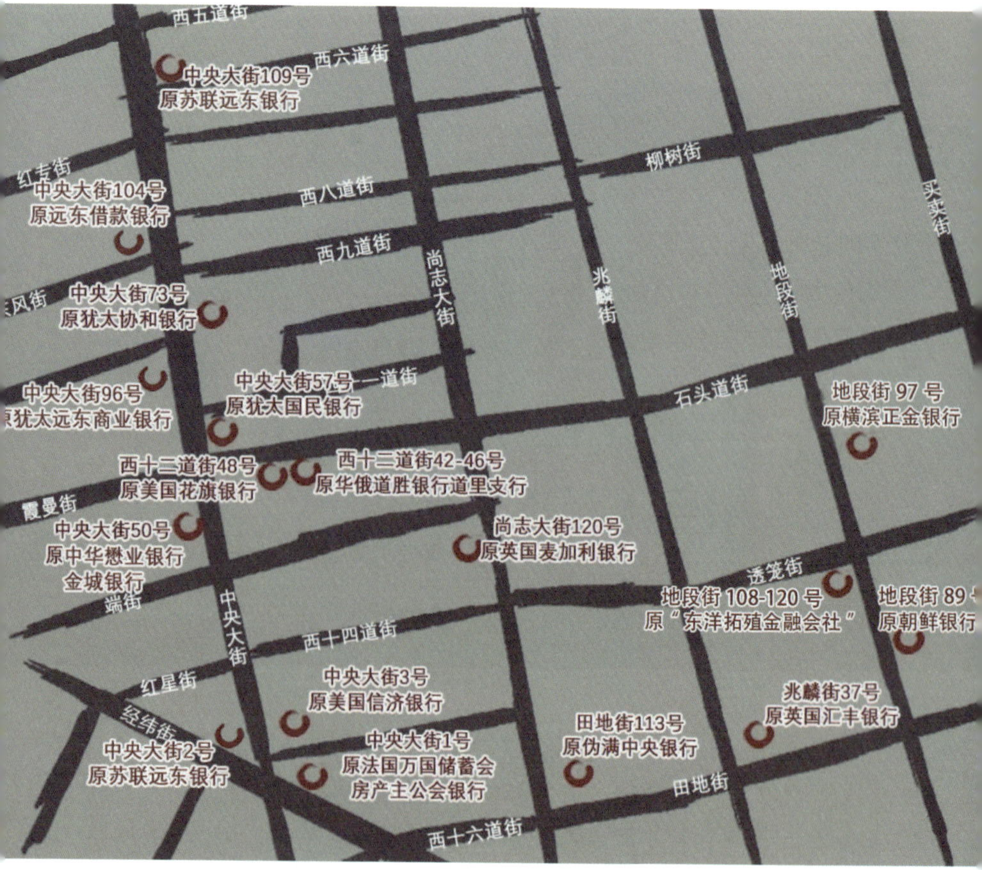

▲道里区现存外资银行旧址分布

黄金之路
——中央大街的诞生与繁荣

几乎每一座城市都有一条或纵贯南北或横连东西的街道，这条街道往往也是城市的“名片”。中央大街就是哈尔滨的“名片”，历史悠久又典雅时尚。泛着微光的面包石路面映着霓虹的异彩，街路两侧分布的文艺复兴风格、巴洛克风格、新艺术运动风格、折中主义风格建筑，错落有致，堪称万国建筑艺术的博物馆。它曾是远东地区颇负盛名的金融商贸街。风霜雨雪后，中央大街依然飘洒着百年的风情与韵致。

1898 年，中东铁路建筑工程局将沿江附近地段拨给散居于此的中国人使用，很快中国商人陆续在这里开起了商铺、食肆，供应码头、货场工人的日常所需。于是，一条主要街路逐渐形成了，被称为“中国大街”，这就是中央大街的雏形。

1902 年，中国大街（今中央大街）与新城大街（今尚志大街）中间地段的辅街开始建设，外商纷纷入驻。后因租地者众多，又在中国大街与炮队街（今通江街）中间地段开辟了辅街。1904 年，中国大街及辅街获得正式街名。

▲ 20 世纪初的中国大街（今中央大街）街路平整，人行道以木板铺盖，两侧楼房店铺皆配俄文招牌

1905 年，中国第一家电影院出现在中国大街（今中央大街）和石头道街（今西十二道街）交角处的萨姆索诺维奇兄弟商会里，它是俄国人科勃采夫创办的科勃采夫法国电影院。影院可容纳百名观众，放映短片和科勃采夫自己拍摄的纪录片。次年，扬戈若格尔在商市街（今红霞街）街口开办了“节克坦斯（颓废派）电影院”。

1909 年，在马街（今东风街）、日本街（今西六道街）街口，阿基谢耶夫兄弟商行和萨姆索诺维奇兄弟商会的新楼相继落成。此后几年，又有更多商业楼房建成，形成了中国大街的第一个建设小高峰。1910 年，北端的地标建筑俄商秋林洋行道里分店在商铺街（今花圃街）街口落成；1911 年，南端的地标建筑格列伊泽尔大楼落成。在这个阶段中国大街的南、北终端和中段都落成了重要的建筑节点，而且一直保留至今。

▼ 节克坦斯（颓废派）电影院

阿基谢耶夫兄弟商行

萨姆索诺维奇兄弟商会

秋林洋行道里分店

格列伊泽尔大楼，哈尔滨第二借款公司银行、哈尔滨一等邮局等曾设在此楼内

1913年，马迭尔旅馆在中国大街开业，1916年，马迭尔旅馆扩建至高丽街（今西八道街）并横跨整个街区，成为当时中国大街上体量最大的建筑。“马迭尔”有“摩登、现代”的意思。这所新艺术运动风格的旅馆接待过无数中外名人，为当时哈尔滨最豪华的宾馆之一，也是哈尔滨最具传奇色彩的一栋建筑。

1917年，奥昆大楼在中国大街落成。这栋大楼跨越从保险街（今西九道街）到俄国街（今西十道街）的整个街区，先后容纳过“波隆斯基成衣店”“斯托利亚尔帽子店”“协和银行”“捷克巴塔鞋店”“日本明治制果店”等当时著名的店铺或银行。

马迭尔旅馆独特的盂莎式穹顶高高耸立，散发着优雅浪漫的气息

奥昆大楼（今中央大街73号）

1919年，奥谢金斯基大楼在短街（今端街）街口落成。不久，在俄侨中久负盛名的“里拉乐器店”迁来，售卖优质乐器、唱片和乐谱。这栋楼里也同时容纳法商长途电话公司、英国远东公司和德国捷利洋行。

1920年，当时中国大街（今中央大街）上最高的建筑——松浦洋行落成。这栋华丽的巴洛克风格建筑是街上首屈一指的建筑精品。1920年前后是这条街道的建设高峰期，有多栋大型建筑落成。1921年，在

▲ 奥谢金斯基大楼（今中央大街42—46号）

▲ 松浦洋行（高耸的巴洛克风格穹顶是其显著标志，今中央大街120号）

▲ 波格丹诺夫斯基大楼（今中央大街96号）

大坑街（今大安街）街口，波格丹诺夫斯基大楼和斯托利亚尔大楼先后落成。波格丹诺夫斯基大楼内曾开办过别特罗夫洋行、利夫希茨照相馆，在其二楼开办的安德烈耶娃芭蕾舞学校，曾培养出大批优秀的舞蹈人才，排演过《胡桃夹子》《天鹅湖》等芭蕾舞剧。

1922年，斯捷潘诺夫环廊商场竣工，它还有一个名字——“万国洋行”。这座小巧别致的建筑是由业主斯捷潘诺夫本人亲自设计的。

1923年，中国大街（今中央大街）南段体量最庞大的两栋建筑落成，即位于东透笼街（今西十四道街）街口的沃佳因斯基大楼和其斜对面的米奇科夫大楼。沃佳因斯基大楼内曾开办过阿格洛夫洋行、莫斯科大药房。米奇科夫大楼曾是俄文《霞光报》报社所在地。1926年，中国政府收回哈尔滨市政管理权，俄国人把持的“哈尔滨市自治公议会”被解散，新成立的哈尔滨特别市自治会和市政局就设在了米奇科夫大楼。可以说，米奇科夫大楼是中国政府收回哈尔滨市政管理权的见证。

▼ 斯捷潘诺夫环廊商场

▲ 左二建筑为米奇科夫大楼，右一建筑为沃佳因斯基大楼

1924 年， 中国大街（今中央大街）开始铺砌面包石路面， 所用面包石圆润光滑， 造价高昂。 整条街铺砌分两次完成： 第一次是从斜纹大街（今经纬街）到商务街（今上游街）， 第二次是从商务街到警察街（今友谊路）。 美观坚固的面包石路面至今历经百年， 已成为中央大街的鲜明而独特文化符号。

▼ 中央大街上铺就坚固整洁的面包石路面

1926 年，在中国大街的南端，法国万国储蓄会落成。次年，在它旁边，美国信济银行银行建成。

1928 年，中国大街正式更名为“中央大街”。

▲ 中央大街南段（右一建筑为法国万国储蓄会，右二建筑为美国信济银行，1932 年洪灾时期拍摄）

▲ 熙攘繁盛的中央大街中段（右一建筑为马迭尔旅馆，左一建筑为阿基谢耶夫兄弟商行）

20世纪20年代是中央大街完成蜕变的关键节点。在这十年里，北段的别尔克维奇大楼和拉比诺维奇大楼完成改建，中段的永庆祥大楼、比利克大楼和英国保险公司大楼陆续建成，南段的埃尔姆里大楼也已展现出旖旎的风姿。从此以后，即便是百年的岁月沧桑，亦不能消磨掉中央大街的美丽容颜。

▲ 20世纪30年代中央大街北段鸟瞰

▲ 20世纪30年代中央大街南段鸟瞰

江畔风华
——哈尔滨人的精神家园

很多美好的城市都有一条相偎依的河流，哈尔滨也是如此。静静流过的松花江给哈尔滨带来了发展的机遇，也带来过洪水的威胁；它看惯了哈尔滨人的风花雪月，也见证过哈尔滨人的蓬勃激情。从蹒跚学步到皓首苍颜，每一个哈尔滨人的记忆中都珍藏着松花江畔的时光：闲暇里从中央大街一路向北走到斯大林公园，坐在江堤的台阶上，看辽阔江面上一幕盛大的日落。可以说，松花江畔就是哈尔滨人的精神家园。江畔百里长堤最精华的一段当属道里，从东端的老江桥到西边的小九站，游人如织，美景如画。有桥通南北，有塔镇江天，大大小小的建筑点缀在江边，恰恰呼应了哈尔滨百年历史变迁的每一个节点。

江桥

在这条风景线的东端是一座宏伟的跨江铁路桥，它是中国第一座超千米的跨江铁路桥，是道里、道外两区的分界，也是松花江岸上现存最早的建筑。1898 年，中东铁路东线跨越松花江的第一松花江大桥开始测量、设计，1900 年 5 月开工建设，1901 年 10 月竣工通车。设计师克尔别兹和施工负责人希德洛夫斯基都是波兰人。1915 年大桥的两端建起了保护桥梁安全的桥头堡。1935 年，改称“滨洲线松花江铁路大桥”。1962 年，东北铁路工程局对该桥梁实施加固工程，更换桥梁主桁架，并加建了人行通道。2014 年 4 月 9 日，最后一趟火车从桥上驶过，铁路大桥完成了它的历史使命。两年后，经过改造后的大桥成为中东铁路公园的步行观光桥。现为第七批全国重点文物保护单位。

▼ 中东铁路第一松花江大桥

游艇俱乐部

中铁路通车后，部分往来物资由哈尔滨站铁路运送，加之水文变换、主航道迁移，港口码头转向道外江段。道里沿江的铁路线日渐冷清，后期仅保留部分道线。江畔堤岸上铺设人行道路，安装木制长椅，逐渐成为人们休闲散心之地。

1911 年 5 月，哈尔滨俄国运动员协会开始筹建游艇俱乐部，并在江畔小九站附近建造可以靠泊小船和游艇的码头。当年 6 月就在松花江上首次举办了摩托艇、划艇比赛，成为我国较早开展水上运动的地方。1912 年，俄罗斯传统风格的哈尔滨游艇俱乐部建成，其名音译为“亚道古鲁布”，内有餐厅、舞厅等设施，是当时社会名流出入的场所。悬挑于江上的餐厅，凭水临风，玲珑俊秀。俱乐部历经多次改扩建，形成了建筑群，1935 年后更名为“满铁江上俱乐部”，1945 年由苏联接管，1950 年后改称“哈尔滨铁路江上俱乐部”，1994 年又曾进行改扩建，至今仍是松花江上一道迷人的风景。

◀ 游艇俱乐部由多栋建筑组成

江畔餐厅

1938 年，道里江段堤岸上的带状江畔公园修建完成，栏杆、路灯、长椅、雕塑及绿化一应俱全。这次改造留下了两栋精美的建筑小品：江畔餐厅和公园饭店。这两栋精巧别致的建筑长久地留在哈尔滨人的记忆里。

江畔餐厅原为中东铁路“江沿站”的货场用房，建于 20 世纪 20 年代。建筑原为中东铁路风格，1938 年整修江畔公园时改建为小游艇俱乐部饭店，设计师是大谷周造。20 世纪 50 年代，为国营江畔食堂，60 年代改为国营江畔餐厅。

▲ 江畔食堂时期的江畔餐厅

松花江畔公园饭店

松花江畔公园饭店建于1938年，设计者是日本建筑师大谷周造，建筑却是俄罗斯传统风格的。它曾名为“坎卡德”，音译“观光亭”的意思。其孔雀尾羽般绚烂的廊柱装饰令人过目难忘。新中国成立后，收归国有，20世纪50年代为松花江冷食店，80年代为斯大林公园第二餐厅。

松花江畔公园饭店

防洪胜利纪念塔

新中国成立后，松花江堤岸再次被修整加固。1954年，江畔公园更名为“斯大林公园”。1956年、1957年连续两年特大洪水袭击哈尔滨。英勇的哈尔滨市民在党的领导下，连续奋战在江堤，终于战胜了百年未有的特大洪水。1958年改造、修筑了哈尔滨市区37.8公里的永久性江堤。江堤建成后，为纪念防洪斗争和筑堤的伟大胜利，表彰全市人民的伟大功绩，在中央大街北端的江畔修筑了“哈尔滨市人民防洪胜利纪念塔”。

纪念塔于1958年11月建成，半圆形回廊拱卫主塔，塔身和廊柱两端用雕塑和文字描述了全市人民众志成城抗御洪水的过程及在防洪斗争中表现出的英雄气概。塔基两层不同高度的底座分别表示1932年和1957年特大洪水的水位。1960年9月6日，全市人民庆祝防洪斗争胜利暨防洪胜利纪念塔落成典礼大会召开。此后防洪纪念塔成为哈尔滨的城市名片和象征。

在成功抵御1998年的特大洪水后，松花江堤岸于2001年再度被整体抬高了50厘米，更换江边栏杆，并预留新型“活动钢闸板防洪墙”接口。从此，大堤永固，夜夜安澜。

哈尔滨市人民防洪胜利纪念塔

友谊宫

友谊宫原名“中苏友谊馆”，后改称“中苏友谊宫”，于1955年落成，为中国传统风格建筑。正门口大街原名“警察街”，因它而更名为“友谊路”。1960年，改称“哈尔滨友谊宫”并沿用至今。它原是为承接苏联及东欧国家外事接待任务而兴建的，我国领导人、外国元首及驻华使节也曾下榻于此。它的中式屋檐、雕梁画栋与松花江畔自然美景融为一体，成为哈尔滨的标志性建筑之一。

哈尔滨友谊宫

哈尔滨青年宫

哈尔滨青年宫是由全市青年通过集资和义务劳动，历经两年多的艰苦努力建成的，于1961年5月4日正式投入使用。它也是俄侨建筑设计师巴吉赤在哈尔滨的最后一个作品。时任全国人大常委会委员长朱德，亲笔为哈尔滨青年宫题写了名字。它是共青团历史上首批创办的全国青少年文化活动阵地之一，也是哈尔滨市青少年素质教育的重要活动场所。

▲ 哈尔滨青年宫

抚今追昔，滔滔江水带不走松花江畔的百年风华，十里长堤处处有哈尔滨人眷恋的风景，也有哈尔滨人走过的岁月。

Мостовой Поселокъ
トルゴウワヤ街
竹内商會
旬

热烈蓬勃的道外

道外溯源
——核心区域的起源与历史发展

道外区位于哈尔滨市东部，是松花江古河道冲沉而成的一块水草丰茂之地。清康熙年间，这里驻有一处清军水师营，随后渐有人烟生息。京旗移民来此耕种渔牧后，这里被呼为“马场甸子”。清光绪年间，阿勒楚喀旗人恩祥在滨江江滩领地七十垧，是为哈尔滨最早的地主之一。1890年，山东人傅宝善来马场甸子行医，开了一家药铺。后来傅氏兄弟陆续来到此地，又开了一家大车店。从此，北去松花江渡口或西去元聚烧锅的人们就有了一个打尖休憩的地方。随着做买卖的人家越来越多，此地渐成市集，人称“傅家店”。在傅家店以东有一处村屯，因最初有杨、韩、刘、辛四户定居而被称为“四家子”。

当初中东铁路建筑工程局在规划“松花江村”时之所以没有包括傅家店，原因就在于此处地势低洼，恐有水患。等到铁路修筑和哈尔滨城市建设全面开工后，由于傅家店离中东铁路第八段工区及埠头区非常近，大量华工选择聚居于此。随之而来的就是屋舍、店铺、食肆及人口的爆炸式增长。傅家店的街道以裤裆街（后改称“天一街”）、延爽街、平原巷为发端，以太古街、南勋街和安福街（今南头道街）为核心，沿安福街向北延展，逐步形成了高力街（今南、北二道街）、正阳街（今靖宇街）、升平街……这一区域因为不归中东铁路管理局管辖，也不在铁路围合之内，所以渐渐有了“道外”的称呼。

▼ 19世纪末傅家店的大车店

▼ 19 世纪末傅家店的饭馆

◀ 南勋街上的天主教教堂

1901 年中东铁路建成通车后，哈尔滨的城市建设方兴未艾，到处都在大兴土木。由于傅家店的工商业发展迅速，各地商人及闯关东讨生活的百姓蜂拥而至。日后成长为华商巨头的武百祥便从河北乐亭来到傅家店，于 1903 年创办了“仝记杂货铺”。同年，波兰商人葛瓦里斯基也在傅家店开设了面粉厂。

▲ 1903 年地图上的傅家店

由于人口激增，为了扩大街区范围，清政府曾不止一次勘放傅家店、四家子一带的街基（今道外区十四道街至二十道街区域）。然人口既盛，纠纷、官司、税收以及对外交涉等事宜也就愈加繁杂，甚至数次出现了俄国人在四家子强租、私占土地之事。此地原属阿勒楚喀副都统（治所在今哈尔滨市阿城区）管辖，但因鞭长莫及，难以及时约束，再加上日俄战争结束后哈尔滨被定为开埠城市，所以在哈尔滨单独设治显得尤为迫切。在此背景下，1905 年 10 月 31 日，吉林将军达桂会同黑龙江将军程德全奏请在哈尔滨添设滨江关道，专办吉林、黑龙江两省铁路交涉事宜并督征关税。这一天遂成为哈尔滨设治之始。

▲ 20 世纪初逐渐繁华起来的太古街

滨江关道于 1906 年 5 月 11 日启用“哈尔滨关道兼吉江交涉事宜官防”。1907 年，滨江关道衙署在东四家子落成（今道外十八道街），首任道员为杜学瀛。

◀ 滨江道首任道员（正四品）杜学瀛

1906 年 1 月，中国商人熊冕章等人集资在今北十二道街筹建滨江耀滨电灯公司发电厂，1907 年投产发电，供给部分商店和居民照明之用。从此，明亮的电灯光就照亮了傅家店的夜晚。同年，吉林电报局傅家店分局在北头道街与升平街交口处设立，开始只传递官商电报，次年开始办理民用电报收发业务。

▼ 20 世纪初傅家店的街道上有了电线杆

1907 年 1 月 12 日，哈尔滨开为商埠，哈尔滨商埠公司随即成立，杜学瀛为总办。后清政府又添设滨江厅江防同知，治理傅家店、岗家店、四家子等地，厅署设在乔家店官房（今南十一道街）。8 月，东三省总督徐世昌、吉林巡抚朱家宝委派候补县丞王洪藻调查松花江航路。随后"汽船官营总局"在哈尔滨成立，中国轮船开始在松花江航行，民族航运业由此起步。道外码头建成投用后，傅家店成为交通便利的商品集散地和重要的商品生产地。随着制粉厂、服装厂、油坊、酱园、五金厂等相继开业，以及"天丰涌""同记""永合成""天丰源""正阳楼""洪盛永""东发合"等中国人开的大商号相继营业，傅家店的民族工商业发展进入了新阶段。

烟火日盛的傅家甸

1908 年，滨江厅江防同知何厚琦认为傅家店的“店”字意义狭窄，遂改为“甸”字。从此，“傅家甸”便成为道外区最早的区划名称。

1908 年至 1910 年，奉天官银号、黑龙江省官银号、吉林永衡官银钱号、大清银行这四家清政府官办银行先后在傅家甸设立分号。

1910 年，滨江关道改称“吉林省西北路分巡兵备道”。就在这一年，一场可怕的鼠疫席卷了哈尔滨，尤以傅家甸受害最深。吉林省西北路分巡兵备道在滨江厅下组建了滨江防疫局，对傅家甸“严绝交通，厉行隔离”。伍连德博士临危受命来哈，出任东三省防疫局总医官，开创了以现代医学方式科学抗疫的先河。疫情过后，伍连德建议在哈尔滨设立专门的防疫机构。1912 年 10 月，东三省防疫处在太阳街（今保障街）成立。这是中国最早的现代卫生防疫机构，培养了中国第一批疾控领域的精英及专业队伍。

滨江防疫局第二区防疫执行处部分成员

中华民国成立后，1913 年改双城府滨江厅分防同知为滨江县，先后归吉林省西北路道、滨江道管辖。

这时的傅家甸已经有了今日老道外的街区格局，商业重心北移，东西向的正阳街（今靖宇街）成为街区主轴：西起景阳街与八区相望，东至十四道街与四家子相连。两侧街路从西到东依次排开，呈鱼骨状分布。当时这十四条贯通南北的街路各自都有别致的名称：头道街名“安福街”、三道街名“居仁街”、四道街名“育英街”、六道街名“景运街”、七道街名“南昌街”、九道街名“富德街”……傅家甸北面从景阳街至十八道街的江堤（今友谊东路段），是 1911 年至 1913 年由商会募款修筑的。堤外的江滩就是旗人恩祥的土地。傅家甸西面景阳街外，原本有一条壕沟，是傅家甸与中东铁路管理局所辖的八区之间的分界。曾有俄商企图把它变成一条人工运河，直通松花江，但因遭到傅家甸商民的坚决反对而作罢。这一带也被称为“西门脸”，意思是中国人西向的门面，体现了维护中国人尊严的努力。景阳街南端的桃花巷街口，有一条斜向东南的大街。它和景阳街一样，也是两个“不同世界”的分隔线，名为“国境街”（今承德街），意思是中国人行使主权的边境，反映了中国人对于国土被“分割”的悲戚。

傅家甸西端到中东铁路第一松花江大桥之间，为中东铁路附属地。傅家甸南端从国境街（今承德街）一直到秦家岗，属于中东铁路建筑工程局第八工段的作业区，故有“八站”“八区”之称。八区码头专门停靠运送修筑铁路所需物资的驳船，码头旁还修建了铁路线及仓库，以便大宗货物的运输与储存。这里是中东铁路公司最重要的货运码头和仓储重地。1904 年日俄战争期间，俄军的军务粮台在八区设立了仓库，故八区又有“粮台”之称。1912 年，中东铁路公司开始在中东铁路第一松花江大桥下游的沼泽地带筹建供货运船舶和列车使用的装卸场，并于 1915 年建成。同时，还为八区码头及八区一带的仓库、工厂铺设了铁路专用线。因仓储便利，各国商人开始在八区设立制粉、榨油、蜡烛生产、酿酒、皮革加工等工厂。

1912 年，同记工厂在傅家甸正式开工。之后，又有很多纺织业、制鞋业、印刷业、黑白铁加工业的家庭工厂兴起。1914 年第一次世界大战爆发后，中国民族资本家开办的家庭工厂普遍扩大规模，再加上有收购破产外商企业的，傅家甸和八区的民族工业发展十分迅猛。

1913 年，英国商人马前在英国街（今南极街）开办了滨江物产英国进出口有限公司（又称“鸡鸭公司”，即今哈尔滨大众肉联食品有限公司前身），其规模甚大，产品远销欧洲。傅家甸也有日本人先后开办的

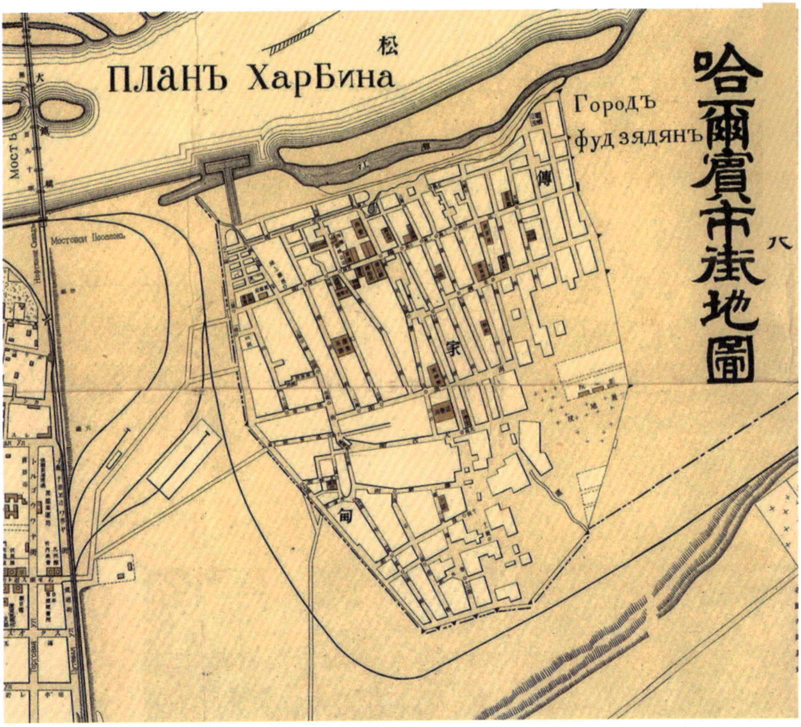

▲ 1913 年的傅家甸街区图

▲ 八区的粮食仓库

“辰巳洋行”、“泰昌堂”药店和“柏内洋行”。升平街上则有朝鲜人开的饭馆。

1912年至1915年，哈尔滨殖边银行、滨江农产银行、中国银行、交通银行纷纷到傅家甸营业。随后，外埠的保险公司、典当行、金店、银号等也争相在傅家甸开设分号。1915年，海关监督侯延爽等人发起成立了滨江农产交易信托有限公司，是为哈尔滨最早的粮食交易所，也是中国第一家华商信托机构。

1916年，傅家甸的土地街巷清丈和马路整修工程逐步开展。傅家甸马路工程事务所开工修筑通往太平的太古街、正阳街（今靖宇街）、十四道街以及通往秦家岗的南北大街（今景阳街南段），同时在小五道街等地铺设人行木板道。东四家子开发为“滨江新市街”，对十四道街到二十道街的区域进行统一规划，和傅家甸连成一片。在二十道街，设立滨江公园（今靖宇公园）。同年，滨江殖滨公司成立并买下老江堤外恩祥的土地，然后在其北侧重新修筑新江堤，同时运土填沟，开发北江沿。新江堤就是现在的道外江堤位置，北江沿位于现在的友谊东路以北到江畔的区域。至此，道外有了南勋街、北江沿、东四家子、西门脸，四象已齐。

▼ 正阳街（今靖宇街）与三道街交口处的昔日繁华

中国政府收回哈尔滨市政管理权后，道外的城市建设以及工商业、金融业发展都焕然一新。

20 世纪 20 年代是道外城市发展的“黄金时代”。1921 年，太古街建成了滨江第一条石头路面的街道。1923 年，为纪念第一任中东铁路督办许景澄，通往秦家岗的南北大街（今景阳街南段）改称“许公路”。许公路是当时连接埠头（道里）、秦家岗（南岗）和傅家甸（道外）的主要通道。1925 年，国境街更名为“承德街”，正阳街（今靖宇街）也铺整了方石路面。

▼东四家子开发为滨江新市街

道外以“大罗新”“同记”“公和利”“阜合昶”“同发隆”等大商号为代表，形成了行业多、门类全且相对独立、完整的民族工商业体系。街区里百业兴旺，有经营靴鞋、杂谷、生果（鲜货）、五金、餐饮、照相、旅店、理发、浴池、估衣、洗染的店铺以及茶楼、戏园、剧场等。

1916 年，中东铁路管理局以拍卖方式出租八站地段（八区），筹建了深水船坞码头，道外的水陆联运优势从此更加凸显。八区码头也成为当时东北地区最大的仓储和商品集散地，被誉为“中东铁路的心脏”。1920 年，中东铁路公司在八区码头设立了商务代办处。此外，八区还是哈尔滨早期的粮油加工基地，中国商人多在这里开办火磨制粉厂和油坊。至 1922 年，曾有“天兴福”“万福广”“义昌泰”“东兴”“广信”等火磨制粉厂，“元孚”“恒顺和”“东和”“裕大”“同发隆”“成发祥”等油坊以及“广信通”“成发东”“吉祥”等粮厂在此营业。除此之外，煤场、烧锅坊、建材店、杂货铺、木材场等也是一应俱全。

道外的教育事业也可圈可点。1905 年 8 月，道外第一小学堂（后改

▲ 繁华的南头道街

▼ 大商号林立的北头道街

▲ 商旅云集的许公路西门脸

▲ 工厂林立的八区

称“滨江县立第一小学校”）在十一道街成立，这是道外的第一所公办小学。1918 年，邓洁民以天津南开中学为榜样，在二十道街创办了东华学校，1923 年改为公办学校并迁至许公路（今景阳街南段），1926 年由东省特别区教育局接管并更名为“东省特别区第二中学校”，是为哈尔滨第二中学的前身。同年，滨江医学专科学校成立，东三省防疫事务总处处长伍连德任校长，1928 年改称“哈尔滨医学专门学校”并迁往新市街，是为哈尔滨医科大学的前身。1928 年 11 月 9 日，哈尔滨医学专门学校、哈尔滨工业大学、哈尔滨法政大学等大中学校学生数千人举行“反五路”反日爱国游行，在正阳街（今靖宇街）口遭到军警拦阻，造成流血事件。这就是著名的“一一·九运动”。

1929 年 5 月，傅家甸、四家子、太平等地由新设立的吉林省滨江市管辖。哈尔滨沦陷后，日伪实行“大哈尔滨计划”，于 1933 年将滨江市并入伪“哈尔滨特别市”：以九道街为界划分为东傅家区和西傅家区，八站地区划归西傅家区管辖；另设太平区。

1932 年 8 月哈尔滨暴发洪灾，北九道街的江堤出现了百余米长决口，江水涌入道外。洪水肆虐期间，工厂被淹，银行停业，商店关门，电话断绝。棚户区的百姓更是流离失所，露宿田野，啼饥呼寒，其状惨不忍睹。道外的工商业亦损失惨重，洪水退后尚能经营者只剩四分之一。

1933 年底，滨北松花江公铁两用桥（俗称“东江桥”）建成通车，是为中国首条公铁两用跨江大桥。1934 年，位于道外南端的滨江站落成，它是哈尔滨三大铁路客运和货运站之一。

哈尔滨沦陷期间，日伪当局实行的经济统制政策窒息了民族经济的发展，百货业受到的冲击尤其严重，“洪盛永”“广和成”等大商号很快就倒闭了，就连名震东北的“同记商场”也举步维艰，只能是勉力支撑。就在民族商业日渐衰败的同时，道外的餐饮服务业开始兴盛，赌场、妓院、大烟馆等更是充斥于大街小巷。此外，由于日伪对粮食、棉花、食盐、火柴、煤油、食糖、烟酒等生活必需品实行配给制，且商品经营权

▲ 滨江医院（滨江医学专科学校在此成立）

▲ 1932 年洪水肆虐中的傅家甸

▲ 滨江站

为日商所垄断， 所以大批 “东洋货” 涌入了哈尔滨。

沦陷期间， 道外的民族工业也日益凋敝。 1932 年， 受日本侵略和重大水灾影响， 全市有 10 家华商制粉厂停业。 1934 年， 日本的几大商事会社及财团共同投资在哈尔滨成立了 “日满制粉株式会社”， 随即强行收购了东兴火磨和庆泰祥火磨等 4 个华商制粉厂， 后又强行收购了满洲制粉联合股份公司所属的 3 个制粉厂， 并于 1935 年将其改为 “日满制粉株式会社” 的一、 二、 三厂。 至此， 哈尔滨制粉业的产、 供、 销环节完全为日商所控制， 委托加工的小麦基本也分配给了日商经营的制粉厂。 华商经营的制粉厂大多被迫改产玉米面。 1937 年， 中国第一家生产纯毛提花毯的毛织厂——裕庆德毛织厂被日商强行收购。 1942 年， 同记工厂倒闭。 道外的民族金融业同样备受打击， 到了 1945 年私营银行仅剩 3 家。

1946 年 4 月 28 日哈尔滨解放， 为了纪念抗日民族英雄杨靖宇， 正阳街更名为 “靖宇街”。 1948 年 7 月， 市人民政府决定分别从西傅家区和东傅家区划出部分街区设立北傅家区， 一年后又撤销。 1956 年 10 月， 东傅家区与西傅家区合并为道外区。

哈尔滨解放后， 道外区的民族商业迅速得到恢复和发展。 1948 年， 商业网点有两千六百多户， 从业人员达一万两千多。

东北地区粮食局和松江省粮食局成立后， 八站地区的制粉厂便都承担

▼ 裕庆德毛织厂竣工纪念图

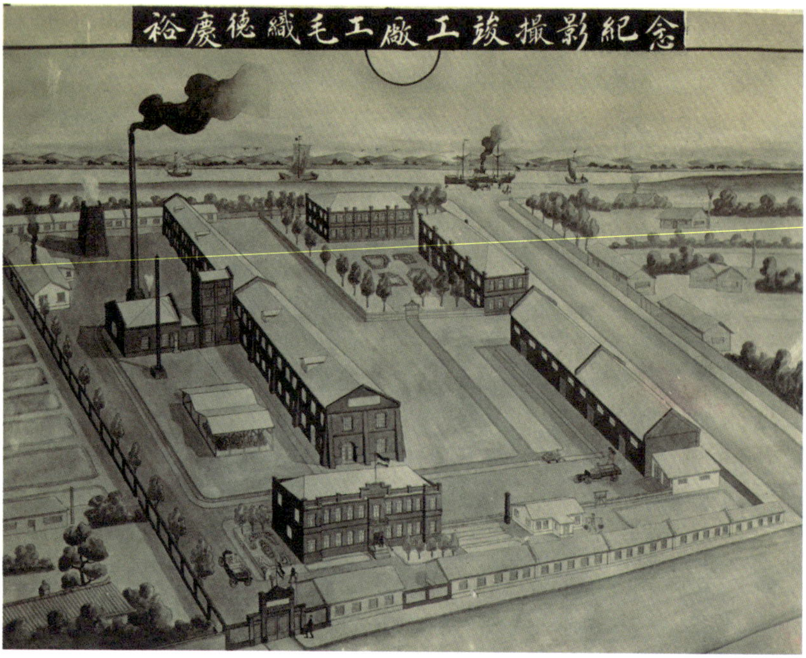

▼ 20 世纪 30 年代的景阳街

▼ 同记商场实现公私合营

起了为东北民主联军（中国人民解放军第四野战军）和中国人民志愿军加工军粮的任务，为解放战争和抗美援朝战争的胜利做出了重要贡献。

新中国成立后，道外区的民族工业发展也是日新月异，调整、迁移、新建了哈尔滨第一工具厂、哈尔滨肉类联合加工厂、哈尔滨电缆厂、哈尔滨毛织厂、哈尔滨针织厂、哈尔滨第五制粉厂、哈尔滨八区粮食加工厂、哈尔滨八区制油厂等一批优秀的工业企业。

道外区的大烟馆、妓院均被取缔，旧式戏园、剧场由市人民政府接收，经整顿、改造、重组后成立了松花江剧场、哈尔滨市评剧院、哈尔滨市京剧院、哈尔滨儿童艺术剧院、哈尔滨市民间艺术剧院等大型剧院，极大地丰富了市民的精神生活。

20 世纪 50 年代，市人民政府在道外区改建、新建了很多大型专业运动场馆：对始建于 1936 年的八区公园体育场进行改造扩建，于 1953 年建成哈尔滨市人民体育场；1954 年，哈尔滨市人民体育馆在八区广场南端落成；1962 年，哈尔滨市冰球场在八区广场东南角改造完成，1995 年为举办第三届亚洲冬季运动会，改建为人工制冷的哈尔滨冰球馆；1979 年，当时黑龙江省最大的综合性体育馆——哈尔滨工人体育馆在道外江畔落成；1982 年，哈尔滨市第二人民体育场也在八区建成。“八区”现在在哈尔滨已经成为专业运动场馆的代名词了。

道外区的“老字号”商家也焕发出了勃勃生机，同记商场、老鼎丰

▲八区公园（今长青公园）内的东北抗日暨爱国自卫战争烈士纪念塔

▲哈尔滨市人民体育场

糕点店、亨得利钟表眼镜店、正阳楼肉制品店在老哈尔滨人心中已经成为道外商家的代表。特别是同记商场，从1903年的杂货铺到1926年的大百货公司，一路走来已发展为哈尔滨三大百货商场之一，20世纪80年代其营业额一度达到了南岗秋林公司与道里哈一百的总和。除了同记商场这样的大商场之外，道外的街巷中还保留着很多具有独特专业性的商店，它们曾经在普通市民的生活中发挥过无法替代的作用，如向阳五金电动工具商店、向阳毛皮专业商店、靖宇缝纫机专业商店等。各具特色的批发零售市场也得以保留和发展，如令人津津乐道的二十道街古铁旧物市场、草市街农贸市场、南极街批发市场、钱塘街花鸟鱼市场、南头道街古玩市场，以及留在人们记忆深处、最是充满人间烟火气的北三道街市场……

2024年，靖宇街上消失已久的方石路面重又现身，距离它们首次铺设正好过去了一百年，街道两侧繁复瑰丽的中华巴洛克建筑经过整修，正在恢复往日的容颜。“道外传统商市历史文化街区”拥有中国现存最大的一片中华巴洛克建筑群，它作为承载道外商市文化的历史文化街区，正成为道外乃至哈尔滨独具魅力的城市会客厅。

历史上的道外是苍凉而又感觉沉重的，新时代的道外则是蓬勃而又充满希望的。

▼松浦大桥

▼老道外展现新姿

璀璨滨江
——规划结构与建筑特色

道外区是哈尔滨的传统商市区和民俗文化聚集地，其主要组成部分傅家甸位于中东铁路附属地之外，起初并没有进行统一的城市规划设计，只是沿着中东铁路附属地的边界线——国境街（今承德街）分布着一些简易的中式房屋，后来又向东发展出了一条城市主干道——正阳街（今靖宇街），并以这条街为主街形成了城市街区。

道外区的街区主要包括沿正阳街（今靖宇街）分布的傅家甸（头道街至十四道街区域）及其东侧的四家子（十四道街至二十道街区域），以及松花江南岸道外段的江沿区域。

道外区的城市规划模型采用的是中国传统“里弄式”+“合院式”规划结构。街区主骨架是由正阳街（今靖宇街）及其辅街形成的“鱼骨式”规划结构。正阳街是垂直于八区（中东铁路附属地）的一条城市主干道，其辅街呈南北向排列。

道外的城市公共空间比较缺乏，尤其是傅家甸，只在正阳街（今靖宇街）设置了一处公园——东四家子公园（今靖宇公园）。

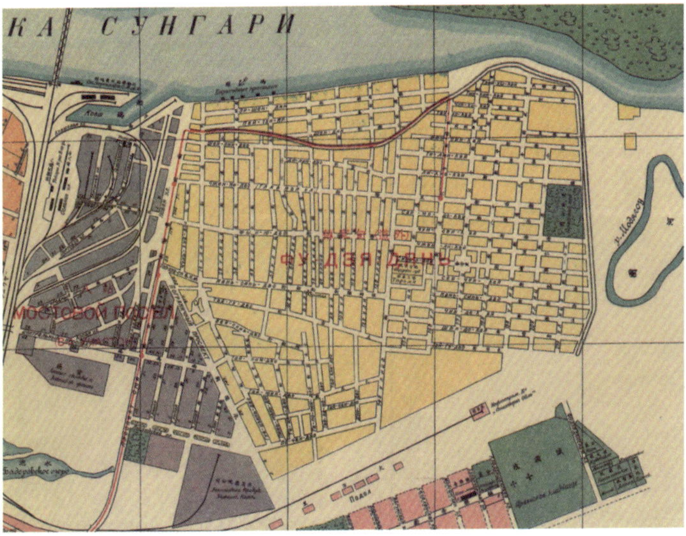

1933年的道外街区图

道外的街道比较有特点，一般分为主干道、次干道和胡同三种类型。其中，主干道较为宽敞，街道界面也较为丰富；次干道较为狭窄，街道界面稍显单调；胡同主要用于连接不同的街区。

▼ 1910 年傅家甸的大街

▼ 1910 年傅家甸的小巷

道外的街区形态也较为独特，体现了中国传统的“里弄式”街区特点：主街为商市街，开口多；辅街较长，开口少。街区呈现出“合院式”布局形态。这种“合院式”布局一般有三类：“独立式”院落（独门独院，是一种较为封闭的院落）；“大杂院式”院落（多户共用一个院落），又分为封闭式和开放式两种；“穿过式”院落（连接街区与街区的院落）。

▼ 卫星拍摄的 20 世纪 60 年代道外街区和院落

▼ 中西合璧的道外街区

道外的建筑风格体现为一种中西合璧的折中主义风格， 有的学者称之为 “中华巴洛克风格”。 中华巴洛克并非学术意义上的定义， 这里的 “巴洛克” 主要是指在欧式建筑表面辅以中国传统装饰元素。 中华巴洛克建筑在北京、 天津、 武汉等地都有留存， 但无论是从规模上还是从品质上看， 道外的中华巴洛克建筑群皆堪称国内之最。

▲ 同义庆中外货店是中华巴洛克建筑的杰出代表，后为纯化医院

▼ 道外建筑内的院落（今北八道街 1 号院内）

道外的建筑是在传统商市功能定义下和“里弄式”街区形态限定下，而出现的一种类型独特的建筑，有“前店后厂”和“下商上住”两种形式。沿街建筑的底层对外开放，其功能空间并不与居住空间相连通。建筑的居住空间往往围合成一个内部院落，有自己独立的出入口和通道。这种建筑与一般的商住一体式建筑有很大不同。

道外的中华巴洛克建筑一般为二至三层的商住一体式建筑，砖木结构，双坡屋面，墙面主要为清水砖墙和抹灰墙。这些建筑将西方装饰手法与中国传统文化元素相融合，尤其是沿街建筑，立面上都装饰有线条繁复的中国传统图案的浮雕，如寓意多子多孙的葡萄和石榴，象征富贵吉祥的牡丹、梅花、荷花和海棠，寄托福寿延年美好愿望的松树下的梅花鹿……这些精美的浮雕将西方装饰手法与中国传统祈福文化元素融合在一起，独具匠心。

“里弄式”的街区布局、中华巴洛克建筑群，再加上中式传统风格的院落，形成了道外区特有的城市风貌。昔日的道外，华洋杂处，商市繁华，灰墙红廊，烟火气旺……

▼道外建筑细节一

道外建筑细节二

道外建筑细节三

商工繁盛
——民族工商业的崛起

若夫灿烂滨江，绾欧亚之枢机，潋滟松水，握东北之锁钥。繁华甲于国内，文明冠于辽东。帽影鞭丝，游人似鲫。翠黛蛾眉，士女如云。琴樽檀板，缠头迁胜莺花海。纸醉金迷，沽酒征逐曲江亭。堪称佳境，其维名城。

滨江，为道外区旧称。近百年前，旅居哈尔滨的“辽左散人”刘静严以滨江涵盖哈尔滨，写下了一部《滨江尘嚣录》（中国青年出版社2012年版）。其好友李遇春（号“铁岭笑梅”）在书的序言中留下了上面这些文字。“灿烂滨江”四个字不仅展现了当时哈尔滨的繁华，而且透露出道外的繁华实不下于道里与南岗。

近代以来东北城镇商业的发展，或多或少都离不开一条商业街，而最繁华的商圈无疑就在商业街的十字街口。哈尔滨的民族工商业在傅家店发轫，一条正阳街（今靖宇街）及其二十条辅街，构成了一幅“滨江繁盛图”。

▲ 20世纪初的傅家店

▲繁华的正阳街（今靖宇街）

可以说，道外从“点状”村落发展到“带状”市街，都是因商而来。傅家店时期的道外，因商铺聚集而最早形成的商业街是头道街。在1900年俄国人测绘的哈尔滨地图上，道外只有头道街一带人烟稠密。四家子也作为独立区域被标注。此时，傅家店已有华人商号近500家，涵盖粮食、杂货（含绸缎布匹）、茶叶、五金、医药、南货、烟草、餐饮、旅店、浴池等19个行业。1903年前后，傅家店从头道街发展到了七道街。

▼正阳街（今靖宇街）上的泰来仁鞋帽货店

南头道街与正阳街（今靖宇街）交口处至南勋街这一长条区域，是傅家店最早的商业区。道外历史上几个著名的老字号商号都起家于此，如“同记”“洪盛永”“天丰源”“天丰涌”“泰来仁”“同义庆”“功成玉”“永来盛”“公和利”等。

1907年哈尔滨开埠，傅家店也随即进入了发展的快车道，以正阳街（今靖宇街）为主干的“鱼骨式”商业街区快速形成。1908年，“傅家店”变成了“傅家甸”。

▲ 傅家甸“十字街”店铺林立

▼ 正阳街（今靖宇街）鸟瞰

头道街与正阳街形成的十字街口，堪称黄金地段的“商眼”。这个十字街口及其周围外延20米内，被称为“正阳头道街”（后称“靖宇头道街”）。20世纪20年代初，云集在正阳头道街的各类商号不下百家，无论数量或质量都为傅家甸之最。

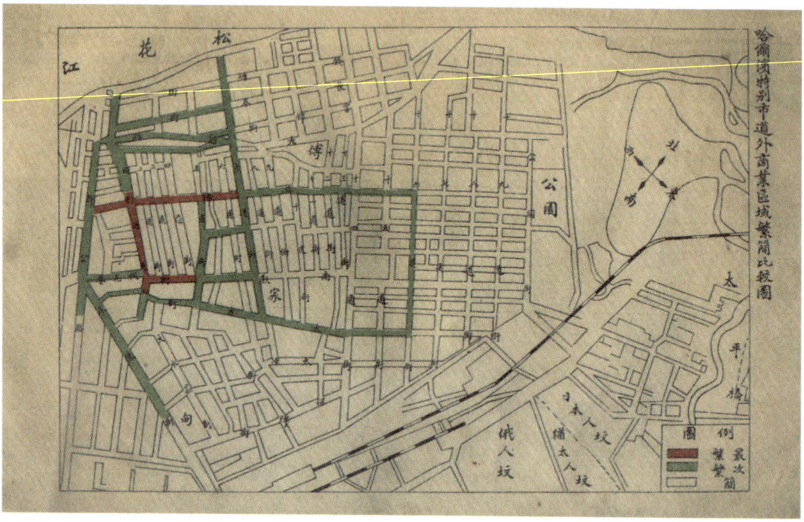

▲1936年道外商业区域繁简比较图

1936年出版的《道外商会会刊》中有一幅“道外商业区域繁简比较图”，用红、绿色块标明了当时道外街区的繁华程度。最繁华的是正阳街（今靖宇街）从七道街至许公路（景阳街）路段、头道街从正阳街（今靖宇街）至桃花巷路段，以及南勋街从头道街至四道街路段。

从20世纪初到20世纪40年代，正阳头道街一直是傅家甸最繁华的商圈。从北头道街与升平街交口处至南头道街与南勋街交口处，千米长的头道街上商号鳞次栉比，真可谓是百店云集、百业兴旺。

1910年，傅家甸核心区的建筑还以传统中式平房为主，鲜见新式楼房。此后，新式楼房开始大面积出现。房地产业的兴起极大地促进了道外工商业的发展，而商业的发展与繁盛，又对道外的市容市貌产生了影响，催生了被称为“中华巴洛克建筑”的建筑类型。

1917年，傅巨川、于喜亭等人发起成立了阜成房产股份有限公司（简称“阜成公司”），道外由此进入了大开发阶段。阜成公司主要开发的区域为东四家子，首批项目有荟芳里、同乐茶园以及民宅、旅社、饭馆等。

道外的另一个大房产商是胡润泽的“源顺泰”银号。1917年春，“源顺泰”购买了南头道街至五道街的空地，招工建房百余处，用于出租。20世纪20年代，“源顺泰”拥有楼房、平房六七千间，每月收取租金达四十万卢布。

▲1910年傅家甸向东望

▲20世纪20年代的傅家甸楼宇轩昂

▲ 傅家甸“十字街”的中华巴洛克建筑

中华巴洛克建筑最早出现在傅家甸的商业建筑上，正阳头道街则是中华巴洛克建筑最集中的地方。目前发现的道外最早的中华巴洛克建筑的影像是1909年开办的“同义庆中外货店”，它位于傅家甸“十字街”的东北角，体现出了典型的中华巴洛克风格：柱式和山花是欧洲风格的，墙面浮雕则是中式图案。

1915年以后，中华巴洛克建筑已在正阳头道街蔚然成风。到了20世纪20年代，位于傅家甸“十字街”的四栋大楼全都是中华巴洛克建筑。

20世纪20年代初，随着“大罗新环球货店”等一批大商号陆续营业，道外的商业无论是在规模上还是影响上，均已可与道里分庭抗礼。

1915年，中东铁路公司在八区码头旁建成了大型货场，从此实现了水陆联运。后来为方便仓储、装卸和运输货物，中东铁路管理局又将八区铁路专用线改造成了环线。水陆联运优势加上铁路之利，吸引了中外资本纷纷在此投资设厂。20世纪20年代，八区有各种工厂100多家，其中制粉业和榨油业是支柱产业。当时道外共有火磨制粉厂11家，八区就占了9家，即“东兴”“成泰益”“义昌泰”“万福广”“裕昌源”“天兴福”“忠兴福”“广信通”“庆泰祥”。八区的油坊最多时达到了23家，其中规模较大的有“裕源”“丰泰亿”“裕大”“同聚祥”“恒顺和”“恒隆德”“义昌信”“成发祥”“久大”“元孚”“东济”“聚盛泰”“永和盛”“同发隆”等。

此外，道外成规模的行业还有食品业、织布业、染色业、石碱业、

▲1922年的成泰益火磨大楼

蜡烛业、针织业、毛纺业、皮革业等。较为有名的工厂有同记工厂、双合盛皮革厂、裕庆德毛织厂、良友针织厂、仪顺和染织厂、东三省啤酒厂等。

经过三十来年的发展，至1931年，道外已有一百多个行业，各类商工企业四千余家，一派繁荣。

资本富集
——盛极一时的中资金融机构

与外资金融机构青睐于道里有所不同，中资金融机构多集中在中国人自己管辖的道外。中资金融机构的出现，极大地促进了哈尔滨特别是道外民族工商业的发展。

中东铁路的建设与开通为道外带来了巨大的发展商机。早期，傅家店工商业者的资金周转、汇兑融资以及异地贸易，均靠钱庄、银号、当铺等来完成。1908 年至 1919 年，中资金融机构如雨后春笋般出现在傅家甸，正值哈尔滨民族工商业崛起之时。

▼ 熙攘繁华的正阳街（今靖宇街）汇集了多家中资银行

官办银行

1908 年，清政府开始允许各省设立专门发行纸币的“官银钱号”。同年，奉天官银号在傅家甸四道街设立分号，1909 年改称“东三省官银号哈尔滨分号”，主要业务为代理奉天省库业务、发行奉票及“哈大洋”等。1909 年，黑龙江省官银号哈尔滨分号在傅家甸正阳街（今靖宇街）设立，主要业务为存放款、汇兑、收购生金银以及发行黑龙江省官帖和

“哈大洋” 等。1909年，吉林永衡官银钱号哈尔滨分号也在傅家甸设立，初址在二道街，后迁至北四道街。吉林永衡官银钱号哈尔滨分号除发行吉林官帖外，还发行 “吉大洋” 和 “哈大洋”。至此，东三省的地方官银号全部入驻道外。

▼ 北四道街上的吉林永衡官银钱号哈尔滨分号旧址

▲ 南三道街上的东三省官银号哈尔滨分号总经理李炳勤宅邸旧址

1910年，大清银行哈尔滨分号在傅家甸正阳街（今靖宇街）设立，是为在哈尔滨最早设立的国家银行，主要职能为发行官帖，抵制“羌帖”，改革币制，融通资金，扶持民族工商业发展。

▼ 大清银行哈尔滨分号

▼ 1922年中国银行哈尔滨分行的广告

中华民国成立后，大清银行改组为中国银行，成为四大官办银行之一。1914年，中国银行哈尔滨分行在大清银行哈尔滨分号的基础上成立，地址仍在正阳街（今靖宇街）与北三道街交口处。中国银行哈尔滨分行的主要业务是发行“哈大洋”，办理存放款，处理对南方银行及英美系银行的汇兑业务。中国银行哈尔滨分行组织健全、制度严密、办事迅捷、实力雄厚，深得中外各大商号及外资银行的认可，在哈尔滨金融界地位十分重要。

1913年，交通银行哈尔滨分行在正阳街（今靖宇街）开业。交通银行作为四大官办银行之一，与中国银行同为当时中国的两个发钞行，在哈尔滨发行“哈大洋”，数额巨大，汇兑活跃。它落户傅家甸对于推动哈尔滨民族工商业的发展起到了重要作用。

▼ 1928年在北四道街建成的交通银行哈尔滨分行大楼（今为中国农业银行哈尔滨道外支行）

第一家把总行设于哈尔滨的大型中资银行是东三省银行。它是由奉系军阀张作霖筹办并入股的官商合办的地方性银行，于1920年在傅家甸四道街营业，下辖奉天分行、长春分行及吉林、天津、上海等地办事处共22处分支机构。东三省银行的主要业务是统一币制，整顿金融，发行地方性纸币。截至1923年年底，在哈尔滨流通的“哈大洋”中有一半以上为东三省银行所发行。1924年7月，并入东三省官银号。

▲ 南四道街上的东三省银行旧址现状

▼ 1922 年东三省银行的广告

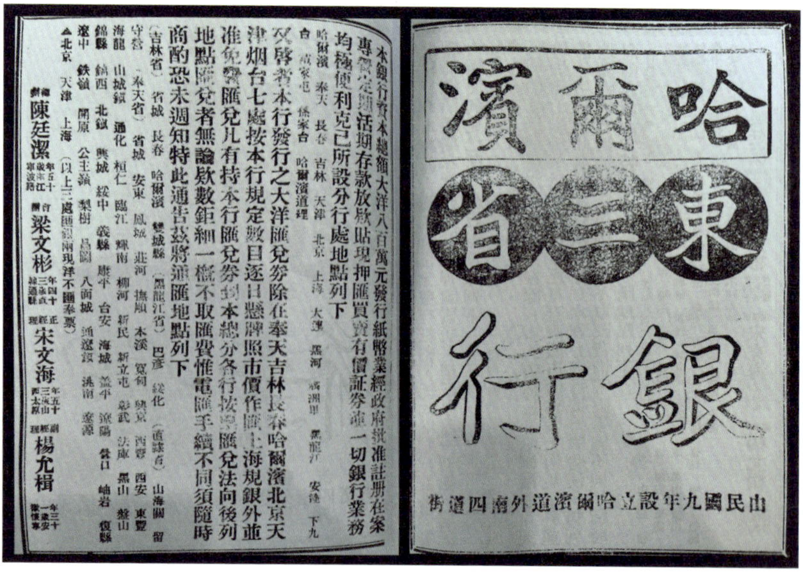

1925 年，边业银行哈尔滨分行在傅家甸四道街设立。边业银行的总经理是张学良，总行原设在天津，后迁至奉天，属于省立官办银行。它的主要业务为发行货币、存放款和汇兑融资，所发行的“哈大洋”总

额位居第二，仅次于东三省官银号，属于哈尔滨金融界的后起之秀。

中国银行、交通银行、东三省银行（东三省官银号）、吉林永衡官银钱号、黑龙江广信公司、边业银行这六大官办（或官商合办）银行被称为哈尔滨的“六行号”。它们所发行的“哈大洋”在哈尔滨与俄系银行发行的“羌帖”、日系银行发行的“金票”形成了抗衡之势，为挽回国家货币发行权和稳定哈尔滨的金融秩序做出了一定贡献。

▼ “六行号”发行的“哈大洋”

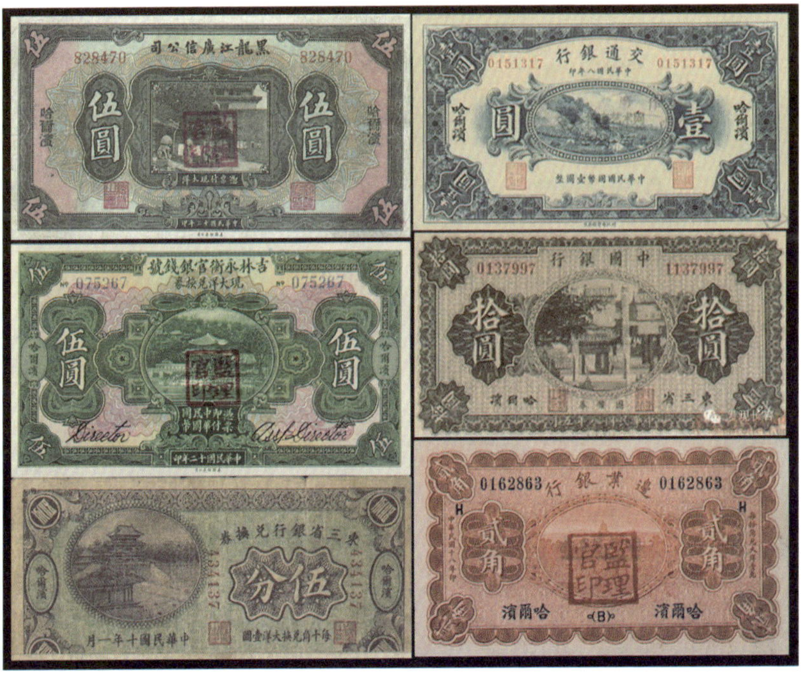

民营金融机构

1914 年第一次世界大战爆发后，粮食和工业品需求急剧增长，哈尔滨民族工商业迎来了快速发展机遇，民营中小银行也随之快速涌现。

1915 年，总行设在北京的殖边银行哈尔滨分行在正阳街（今靖宇街）设立，滨江农产银行也在四道街创立。1917 年，浙江兴业银行哈尔滨分行在三道街开业。1919 年，滨江地方农业银行在傅家甸创立。此外，还有滨江农商银行、滨江储蓄银行、滨江辅商银行、天和兴银行、信孚银行、三信银行、瑞增祥银行、益发银行哈尔滨分行、恒聚银行、功成银行、蔚丰商业银行哈尔滨分行、益通商业银行哈尔滨分行、大中银行哈尔滨分行等，多集中在三道街和四道街上。一时间，这里成了繁盛的金融街。

▼正阳街（今靖宇街）与南三道街交口处的浙江兴业银行哈尔滨分行

▼信孚银行的广告

▼滨江储蓄银行的广告

▼三信银行的广告

另一种在哈尔滨兴盛一时的金融机构是储蓄会。1911年，傅家甸的绅商创立了哈尔滨第一家储蓄会——联合储款会社。1912年，哈尔滨规模最大的储蓄会——滨江储蓄会在正阳街（今靖宇街）成立。1916年，滨江第五国民学校教职员工筹建了东兴亚储蓄会，归国侨胞筹建了同胞储蓄会。1918年，道外宏仁医院筹建了公合储款会社。

▲ 滨江储蓄会及奉天储蓄会哈尔滨分会曾设在北八道街同一楼内

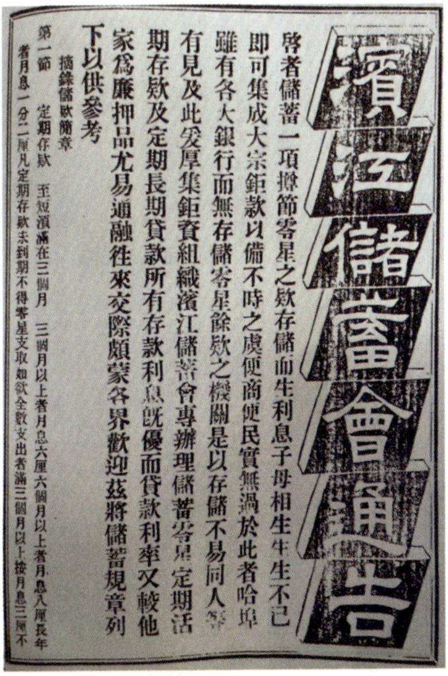

▲ 滨江储蓄会的广告

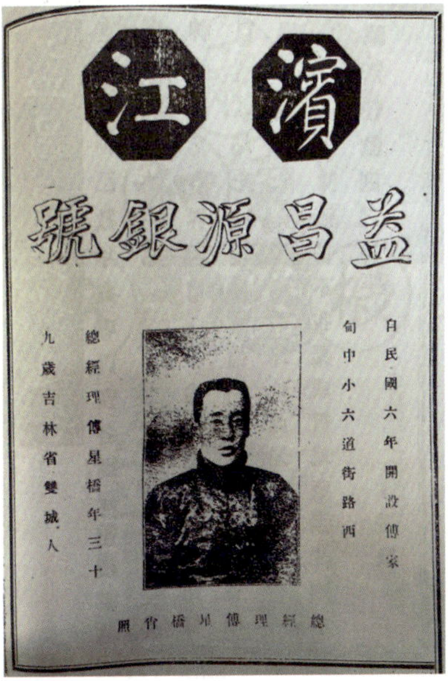

▲ 益昌源银号的广告

除银行和储蓄会外，哈尔滨的钱庄、银号也很兴盛。哈尔滨开埠早期，市面上流通的货币十分混乱，有俄系银行发行的“羌帖”、日系银行发行的“金票”以及“六行号”发行的“哈大洋”、奉票、吉林官帖、黑龙江官帖、现大洋、银圆券、银两券等，这还不包括各种国外纸币的流入。面值不统一，汇率有涨落，促成了以货币兑换为主营业务的钱庄的发达，且多集中在傅家甸。这些钱庄主要经营“羌帖”放款以及“羌帖”对奉票、吉林官帖、黑龙江官帖等的兑换、转汇业务，十分灵活。但是“哈大洋”发行之后，货币的兑换和汇款业务逐渐萧条，钱庄多倒闭歇业，只有少数实力雄厚者逐渐转型成为民营银行。

▲ 南头道街上的功成银行（前身为功成玉钱庄）旧址现状

▲ 北头道街上的宝隆银号（后重建为益通商业银行哈尔滨分行大楼）旧址现状

货币兑换交易还催生了一种更进步、更现代的金融机构——货币交易所。1917年，滨江货币交易信托有限公司成立。1922年，滨江货币交易所在三道街成立。交易者只限中国人，外商若要参与，只能借助于中国经纪人。在此公开买卖各种货币是合法的，但主要交易是用“金票”、奉票、吉林官帖等来买卖“哈大洋”。由于纸币价格行情瞬息万变，所以滨江货币交易所的业务十分活跃。哈尔滨沦陷后，货币统一由伪“满洲中央银行”发行，滨江货币交易所遂终止了运营。

除了货币交易之外，证券交易也在哈尔滨逐渐兴起。当时哈尔滨有三十多个国家的财团及商人开办的各类商业、工业、金融业企业和机构，股份制公司有如过江之鲫，所发行的股票、债券数量愈来愈多，金额愈来愈大。同时，地方政府和银行也推出了大量公债和兑换券。这就逐渐衍生出了一些从事证券交易的经纪人。在他们的努力争取下，1919年哈尔滨证券交易所在三道街成立，哈尔滨的证券交易也从此走上了正轨。

中国第一家华商信托机构也出现在道外，这就是1915年由海关监督侯延爽等人发起成立的滨江农产交易信托有限公司。它是哈尔滨最早的粮食交易所，1922年改称“滨江粮食交易所股份有限公司”，地址也由头道街迁至三道街。交易所主要承办大豆、小麦、油饼、面粉以及布匹等的买卖事宜，以期货交易为主。哈尔滨沦陷后，交易所被日本人所控制，1932年改称“哈尔滨交易所”（日本人则称之为“哈尔滨取引所”），1939年迁至南马路与开原街交口处新建的交易所大楼。

道外的中资金融机构因哈尔滨沦陷而受到了沉重打击，“六行号”中的东三省官银号、黑龙江省官银号、吉林永衡官银钱号、边业银行这四家地方性官方银行被强行并入伪“满洲中央银行哈尔滨分行”，中国银行和交通银行这两家总行在关内的官方银行遭到了日伪的严格限制与干预，业务急剧萎缩，陆续被迫关闭。民营金融机构也在日伪的不断打压下或重组或倒闭，到1945年日本投降时，只剩5家还在营业。至此，道外往昔的金融盛景已然一去不返。

▲ 哈尔滨交易所旧址在北三道街松光胡同内

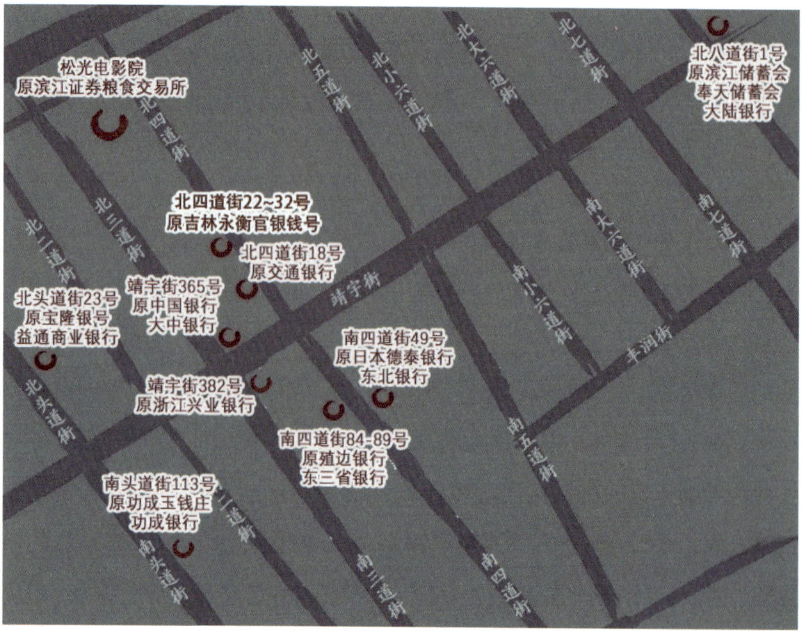

▲ 道外传统商市历史文化街区内现存中资金融机构旧址分布

航运兴市
——民族航运业的兴衰

松花江江面宽阔，流速和缓，含沙量少，河床稳定，千吨船只亦可通行，曾是我国除长江外第二大运输内河。松花江汇入黑龙江后流进鄂霍次克海，因此可以实现江海联运。当年修建中东铁路所需的机械设备及筑路材料（包括中东铁路第一松花江大桥的钢梁）等，就是通过江海联运来到哈尔滨的。依托松花江这条黄金水道，道外的航运业十分发达。

▲松花江上俄国人的蒸汽轮船与中国人的帆船

自修建中东铁路以来，松花江的航运权曾长期被俄国霸占。1904年10月，中东铁路管理局设立船运处，负责管理松花江水上航政、运输业务。同时，哈尔滨松花江港区内的建筑物和船舶也几乎都被划归中东铁路公司所有。日俄战争期间，作为重要的军需补给线，松花江上俄国船队日夜穿梭不停。索斯金等俄商借机扩大船队规模，迅速积累起了雄厚的商业资本。日俄战争结束后，水上运输量锐减，部分俄商濒临破产，只好将船只转让给中国人。1907年哈尔滨开放为国际商埠后，道外的码头成为东北地区水陆联运的枢纽。也是在这一年，东三省总督徐世昌奏请清廷在道外设立哈尔滨汽船官营总局（翌年10月改称“松黑两江邮船总局”），并购买了四艘驳船、五艘轮船，开始进行松花江航运。从此，松花江上有了中国人自己的火轮船队。

▲ 松花江上桅樯如林的中国帆船

此后，中国的官、商航运企业相继成立，并以道外为货物集散中心发展水运。1914年，哈尔滨三江轮船公司在十道街开办。在第一次世界大战和俄国十月革命期间，中国人收购了大量俄商船只，哈尔滨的民族航运业得以迅猛发展。

有船就要有码头，哈尔滨的码头最早分为道里（埠头）码头和道外（傅家店）码头。1910年和1914年的两次松花江洪水致使道里江段淤泥堆积，无法再停靠大型船只，于是哈尔滨的客货码头便集中到了道外江段。道外的主要码头有：八区码头是大宗商品货运码头，水路运过来的粮食、木材、建材等在此卸船，并通过铁路专用线（与中东铁路相连）运往各地；头道街码头是松花江南北两岸间的轮渡码头；七道街码头是当时黑龙江水系最大的客运码头；十二道街码头是戊通公司的客货（运输的货物主要为零担货物）两用码头；十八道街码头（包括二十道街船坞），是当时哈尔滨最大的货运码头，到港的木材大多在此卸船。

▲ 傅家甸客货码头一瞥

▲ 20世纪20年代哈尔滨的明轮蒸汽轮船

1918 年夏，孟兆常等中国商人在前交通银行经理陈威等人的大力支持下，筹资购得俄商大型轮船 29 艘、驳船 20 艘，并于 1919 年成立了“戊通航业股份有限公司”（简称“戊通公司”）。公司总部最初设在埠头（道里），1920 年后迁往傅家甸（道外）。在道外江坝内，戊通公司购有地基数方，建造了码头、货栈等设施。其中，在正阳街（今靖宇街）与十二道街街口修筑了牌坊，上有“戊通航业公司码头”的中、俄、英三种文字标识，并悬挂民国国旗和戊通公司旗帜，甚是壮观。此外，戊通公司还在江坝外设有船坞和大型船只修理厂。

▲ 戊通公司码头

戊通公司还开辟了中俄（苏）界江航线。公司规章制度健全，船员统一着装并佩戴公司标识牌，所购轮船全部以中国地名命名，如“海城号”“绍兴号”“宜兴号”等。戊通公司以哈尔滨为经营中心，开通了九条客货航线，营运航线达 5500 公里，盛极一时。

1925 年，东三省政府和交通银行收购了戊通公司全部动产和不动产，改组成立“东北航务局”，委派于冲汉为董事长，王顺存为常务董事，沈鸿烈、蔡运升、储镇等为董事。至此，戊通公司由商办转为官办。戊通公司虽仅存在短短数年，但却打破了松花江上中俄（苏）航运对比悬殊的旧格局，堪称哈尔滨民族航运史上的一座里程碑。

▲ 戊通公司大楼

除戊通公司外，道外较为著名的民族航运公司还有：创办于 1912 年的广信轮船经理处（官商合办）；创办于 1915 年的亚洲轮船股份有限公司，其总公司设于傅家甸，在吉林设立事务所；1924 年创建的通原林业公司船舶部，其在道外北十八道街设有专用码头；1925 年，哈尔滨总商会会长张廷阁出资在傅家甸成立了奉天航业公司。

1924 年，中国政府下令禁止外国船只在松花江上行驶，松花江民族航运业从此得以快速发展。1927 年，以东北航务局为主体，联合东北海军江运部、奉天航业公司、沪滨航业处等，共同成立了官商合办的“东北联合航务局”。该局计有轮船 49 艘、驳船 69 艘，董事长为沈鸿烈。

▼ 东北航务局大楼远眺

▲ 1927 年的傅家甸货运码头

▲ 运送木材的船只在傅家甸货运码头卸货

同年 8 月，东北商船学校在东北联合航务局修船科开学。该校为东北地区最早的高等航运学校，设驾驶科和轮机科，后增设测量班和航班。11 月，迁入江北船坞新校舍。

1930 年 10 月，未加入东北联合航务局的各航商为避免竞争、节省开支、统一运输，提出了成立哈尔滨官商航业总联合局的设想，宗旨为便利商务、维持同业、扶持农垦、维护航权。哈尔滨官商航业总联合局于 1931 年 4 月正式成立，参加的官商有 57 家。

▲ 傅家甸的客货码头

哈尔滨沦陷后，日伪完全控制了松花江的航运权，停止修造一切船只，并强行接收了哈尔滨官商航业总联合局、东北造船所等及其所属船只。1933 年，东北航务局被改为伪“交通部哈尔滨航政局”，1934 年改称伪“哈尔滨水运局”。1937 年 7 月，以伪“哈尔滨水运局”为基础，组建了伪“哈尔滨航务局”。1939 年 4 月，为进一步控制航运，日伪又将伪“哈尔滨航务局”升格为伪“北满江运局”，从此垄断了松花江、黑龙江、乌苏里江和嫩江的航运。

1946 年 4 月 28 日哈尔滨解放后，市人民政府在道外七道街原伪“哈尔滨水运局”办公大楼组建成立了松花江航务局。5 月 17 日，修复后的“同昌号”轮船首航通河，开启了松花江航运事业的新征程。

▼ 1960 年的道外客货码头

七道街客运码头连接从哈尔滨下游至同江、从哈尔滨上游至吉林的航线，每年运输乘客上百万人。二十道街码头是松花江上最大的综合性货运码头，有十多个泊位、几百万平方米的仓储面积，每年吞吐的粮食、木材、煤炭、钢材、机械、水泥、沙石等大宗货物达几百万吨。

几代哈尔滨航运人，多居住在道外五道街至二十道街的江沿地带。所以，这里有海员大院（北九道街）、海员居民楼和海员商店（北七道街）、海员医院（北十四道街）、海员俱乐部（浴海街）……

道外曾是松花江航运的中枢，航运的兴盛也曾为道外带来繁荣与骄傲。每年四月中旬，道外松花江上巨轮开航三长一短的汽笛声，曾经响彻哈尔滨上空……

▶ 北七道街老航运楼前挺立的船锚

站在新世纪，回望来时路。

当我们细数南岗、道里和道外的每一座历史建筑、每一处历史文化街区，尤其是触摸着那些斑驳的墙壁，聆听铭刻在砖墙里、回绕在木檐间的远去的故事时，实际上我们是在与它们所承载的历史对话，与曾经生活在这里的人们交流……

南岗、道里和道外的历史建筑与历史文化街区是哈尔滨作为历史文化名城的城市符号，它们璀璨瑰丽、异彩纷呈，承载着一代又一代冰城人的集体记忆，是城市文明的具象化，更是留给未来的珍贵遗产。

我们知道，以一本书的容量远远不能呈现三个历史城区的沧桑历史和绝世风华，唯有期待本书成为一个窗口，可以让到访这座城市的人一窥她的前世今生、百年故事……

愿新一代的哈尔滨人继续书写属于这片土地的文化传奇，愿南岗、道里和道外的故事永远鲜活，永远动人……